浙江大学 管理学院
SCHOOL OF MANAGEMENT
ZHEJIANG UNIVERSITY

2 0 1 7 中国企业健康指数报告

2017 Index for Healthy Chinese Business

吴晓波　周伟华　陈学军　著

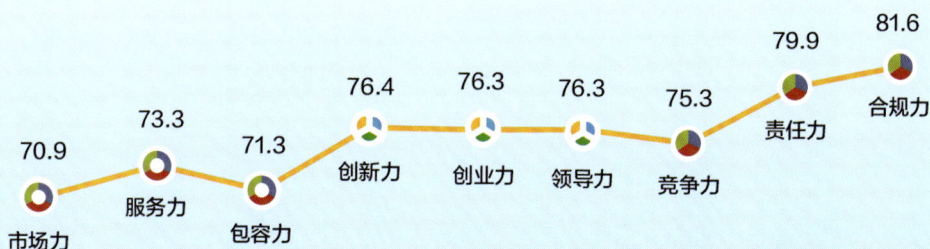

市场力 70.9　服务力 73.3　包容力 71.3　创新力 76.4　创业力 76.3　领导力 76.3　竞争力 75.3　责任力 79.9　合规力 81.6

ZHEJIANG UNIVERSITY PRESS
浙江大学出版社

图书在版编目（CIP）数据

2017中国企业健康指数报告 / 吴晓波，周伟华，陈学军著.
— 杭州：浙江大学出版社，2017.5
ISBN 978-7-308-16937-0

Ⅰ．①2… Ⅱ．①吴… ②周… ③陈… Ⅲ．①企业经济－经
济发展－研究报告－中国－2017 Ⅳ．①F279.2

中国版本图书馆CIP数据核字(2017)第093968号

2017中国企业健康指数报告

吴晓波　周伟华　陈学军　著

责任编辑	樊晓燕（fxy@zju.edu.cn）	
责任校对	陈静毅　刘　郡	
封面设计	杭州林智广告有限公司	
出版发行	浙江大学出版社	
	（杭州市天目山路148号　　邮政编码　310007）	
	（网址：http://www.zjupress.com）	
排　　版	杭州林智广告有限公司	
印　　刷	浙江印刷集团有限公司	
开　　本	710mm×1000mm　1/16	
印　　张	6.5	
字　　数	106千	
版 印 次	2017年5月第1版　2017年5月第1次印刷	
书　　号	ISBN 978-7-308-16937-0	
定　　价	38.00元	

序言一
PREFACE 1

释放创新创业的市场活力

中国经济体制改革研究会名誉会长、国家体改委原副主任　**高尚全**

　　2012年，浙江大学管理学院《2012中国企业健康指数报告》刚刚问世，我就怀着极大的兴趣仔细拜读并参加了在杭州举办的"首届中国企业健康论坛"，发表了我对这个报告的看法与评价。我非常欣慰地看到国内有一家商学院第一次对中国民营企业的健康状况进行了科学的、系统的、权威的、创造性的研究，从企业家精神、企业行为、企业环境这三个维度提出了中国企业健康生态系统理论。

　　当新的研究报告再次呈现在我面前的时候，它又给了我一份惊喜。回想前几年的研究成果，研究对象从民营企业到国有企业，再到外资企业，而后又扩展到四大经济区域，深刻地描述和解剖了中国改革开放后三种不同性质企业的健康状况，并对四大经济区域的企业健康进行了比较分析。今年的研究成果又增添了新的亮点，生动地描绘了中国四大经济区域的企业健康分布，剖析了企业健康趋稳向好的总体趋势和具体表现。这项研究成果对培养引领中国未来发展的健康力量释放了巨大的理论联系实际的正能量。

　　我相信来自竞争的繁荣。中国自从对外打开改革之门以来，已经发生了举世公认的巨变，取得了前所未有的经济繁荣。然而，改革红利的分享与市场竞争的展开经历了不同的阶段、不同的边界、不同的特色、不同的呼唤。改革初期的市场竞争界限是由历史原因造成的，属于地域竞争界限。政府让一部分人先富起来，结果幸运降落在了毗邻香港的深圳，国家在那里建立了经济特区，广东及沿海地区得益于地理位置的先天优势，迎来了中国改革的春天，而内地却由于地理位置的劣势无法与沿海地区进行公平竞争。因此，改革初期竞争的繁荣是有边界的，区域边界决定了竞争繁荣率先青睐沿海地区。

随着改革开放逐步推进，地理竞争优势逐步弱化，政策竞争界限日趋明显。上海浦东作为国家级开发区享受了诸多政策优惠，浦东的发展带动了整个上海以及长江三角洲的大区域繁荣。为了吸引外资，政府为外企提供了各种优惠政策，包括土地税收优惠等。这些特惠对民企而言都是可望而不可即的。加之外企本身就具有的资本资金、国际品牌、全球资源、先进管理、领先科技、优质产品和优秀人才等一系列优势，外企在中国的发展一度遥遥领先于国企和民企，成为大学毕业生最理想的工作选择。结果，改革中期的竞争繁荣向享有特殊优惠政策的开发区和外企倾斜，政策边界在很大程度上影响了竞争的繁荣。

改革开放的进一步深化使外企、国企、民企的竞争格局与各自优势发生了重大变化与调整。地理优势界限与政策优惠界限对市场竞争的影响度不断降低，而资源垄断界限对中国市场竞争的影响尤为凸显。部分大型国企，特别是一些央企，占据了资源优势，垄断了资金渠道，得到了政策保护，令外企和民企自叹不如。最终，资源垄断优势让国企受惠于市场竞争的繁荣远远大于外企和民企。

新一届政府为了创造更加公平、公开、公正的市场竞争环境，提出了让市场起决定性作用的指导思想，展现了进一步改革开放的决心，实施了一系列有利于各种所有制企业健康发展的举措，比如允许民企进入能源和金融领域参与竞争。这是政府思想转型的风向标。我最近指出，思想转型是全面深化改革的前提条件，全面深化的改革必然会打破中国市场竞争的界限。也就是说，我们未来需要的是一个无界的竞争繁荣，不论是外企、国企还是民企，都应该在一个公平、公开、公正的环境之下进行竞争，由此带来的繁荣才会让社会各界分享改革带来的红利。

无界竞争的繁荣是市场活力的体现，是公平可持续的结果。企业是创造财富的主体，应该释放企业市场主体的活力，真正使它们回归财富创造主体的角色，而不是由政府来配置资源，要让它们放开手来创造财富。例如，浙江等沿海地区之所以成为发达地区，不在于政府在里面投了多少资源，而恰恰在于企业成了市场的主体，其创造财富的积极性得到极大的释放。我一直呼吁，要释放市场机制的活力，重点是打破垄断、强化竞争，打破分割、统一市场；要释放社会资本的活力，重点是清理与市场决定相冲突的法律条文；要释放创新创业的活力，重点是放活市场以保障创新创业自由。

我相信，浙江大学管理学院对中国企业健康的研究成果将对中国企业未来在市场经济中的健康发展起到积极的指导作用。我更希望这项研究能够持续不断地坚持下去，整合更多的社会资源一起探讨中国企业如何更加健康地成长。

序言二
PREFACE 2

多年的坚持，丰厚的收获

浙江大学管理学院院长　**吴晓波**

2012年的春天，浙江大学管理学院联手零点国际发展研究院发布了《2012中国企业健康指数报告》，举办了"首届中国企业健康论坛"，开始了对中国企业的健康状况以及未来发展的系列研究。转眼间，我们已经持续不懈地进行了六年的研究，用行动与收获秉承着我们的信念：培养引领中国未来发展的健康力量！

"三九企业健康生态系统"理论创新了中国企业健康研究的理论和评价方法。2012年，我们创立了"三九企业健康生态系统"理论。"三"指从企业家精神、企业行为和商业环境三个层次入手分析企业的健康状况；"九"指衡量企业健康的九个维度，即创新力、创业力、领导力、竞争力、合规力、责任力、市场力、服务力和包容力。该评估体系层次分明，简洁清晰，有十分积极的建设意义。

"中国企业健康指数报告"全面、清晰地分析了中国不同所有制形式下的企业主体及四大经济区域内企业的健康状况，提出了健康可持续发展的积极方向。报告每年都有新的发现。2012年重点发现了中国企业"健康三明治"等现象；2013年发现了国企、民企"共生共长"等现象；2014年提出了国企、民企、外企"共创来自竞争的繁荣"主张；2015年揭示了中国企业健康指数增速放缓、指标反复的"新常态"现象；2016年发现了企业逐步适应健康"新常态"现象；2017年的报告发现了企业健康"趋稳向好"的新趋势及具体表现。这些研究成果综合反映了中国企业的战略方向，兼具理论高度和践行的务实精神，并形成了"三个宝库"。

"三个宝库"指对过去多年及未来中国企业健康的研究都具有参考和分析价值的第一手数据宝库。第一个宝库是"企业家库"。多年研究吸引了几千位民企、国企、外企的高管及行业专家亲自参与了对中国企业健康的研究，他们在过去、现在、未来都是代表中国企业健康发展的中坚力量。第二个宝库是"数据库"。研究积攒了大量一手数据和分析成型的数据，它们可以用于相关延伸的学术和商业研究。第三个宝库是"工具库"。研究建立并验证了企业健康指数体系的有效性，还形成了企业健康自评工具。中国企业健康指数的系统研究与解决问题的完美结合堪称理论联系实际的成功探索。

经过多年的坚持和努力，我们逐步形成了中国企业健康指数的理论基础、指标体系和测评方法，形成了系列成果，通过出版刊物、举办论坛、组织活动、著书撰文、网站微博、校友网络等不同渠道，为促进中国企业的健康发展贡献着自己的一份力量。同时，我们感谢社会各界的积极参与和支持，我们共同在为培养引领中国未来发展的健康力量兑现诺言，付诸行动，建言献策，分享收获。我们的研究还将继续，我们期待着与所有关心中国企业健康发展的人一起，共同铺筑下一个五年、十年、三十年的中国企业健康发展的康庄大道。

目 录

CONTENTS

第一章
核心发现

核心发现 1
企业健康趋稳向好

尽管在过去一年里，我国经济发展面临诸多矛盾叠加、风险隐患交汇的严峻挑战，但2016年我国还是圆满完成了经济社会发展的主要目标任务，"十三五"实现了良好开局。经济运行缓中趋稳、稳中向好，经济发展质量和效益明显提高。改革开放深入推进，重要领域和关键环节的改革取得突破性进展，供给侧结构性改革初见成效，经济结构加快调整，发展新动能不断增强。中国经济发展态势在企业健康指数上折射出"趋稳向好"的总体特征。

对比2015年至2017年的企业"健康九力"变化趋势可以发现，企业"健康九力"的分布形态相似、变化稳定，健康得分的区域差异和企业性质间差异逐年缩小，总体逐年向好发展。企业环境健康每年平均增幅最大，特别是市场力和服务力；其次是企业行为健康，特别是竞争力提升较快；企业家精神健康的创业力、创新力和领导力每年的改变都相近。因此，企业"健康九力"变化稳定，创新力、创业力、竞争力、市场力、服务力表现出色。在中国四大经济区域的健康总分相对排序中，东部地区排序位次逐年增加，2017年首居第一，回归到它在中国经济地位中应有的位置；中西部地区相对位次逐渐趋同；东北部相对位次稳定。以社会发展为差距基础的四大经济区域，在健康指标上已经分化为三个区域，即东部、中西部和东北部。这是区域协调发展向好的一种表现。在不同性质的企业比较中，国企和民企的企业行为健康逐渐趋同，环境健康差距正在缩小，共生共长的公开、公平、公正格局正在向好的方向发展。

过去的一年，是不平凡的一年。中国经济通过远近结合、趋利避害、有效应对，取得了非凡成就。中国企业健康状态正在逐渐适应经济新常态，向趋稳向好方向发展。政府通过宏观调控，稳定了经济增速，企业行为健康得到恢复；持续推动结构改革，深入推进简政放权、放管结合，优化服务改革，激活了市场活力，大幅度改善了企业环境健康；制定实施创新驱动发展战略，推动大众创业、万众创新、"互联网+"行动，增强了经济发展动能，增进了企业家精神健康；推进"一带一路"建设、京津冀协同发展、长江经济带发展"三大战略"，开拓了区域经济协调发展格局，使中西部企业呈现出更为自信与健康的姿态。

在过去的一年里，创新力、竞争力和市场力是政府、企业和社会共同关注的话题，创新驱动更是未来中国经济发展的关键途径。中国企业健康指数在"十三五"规划开局之际呈现出趋稳向好的态势，展示了政府、企业和社会对未来中国经济发展的高度自信。

核心发现 2
营商环境获得感提升

　　企业期盼的是健康的市场经济环境，而政府在营商环境塑造方面的改革起着关键的风向标作用。近年来，政府塑造商业环境健康的基本思路是，以行政审批制度改革为核心，减少政府干预市场的权力和领域，激发市场活力。

　　政府改善营商环境的着力点在"服务力"。从调查结果总体来看，企业对"服务力"的感知在近两年来明显提升，这说明企业家敏感地察觉到了政府在产业政策制定、服务效率等方面的改革成效，有实实在在的获得感。从全国来看，各地普遍表现出较高的水平和明显的进步。东部地区在"政策制定"、"政府公共服务"、"平等待遇"三方面均有不错的表现。东部区域一直是我国民营经济重地，政府历来有亲商、重商的传统，在制定政策的过程中通常能够考虑工商界的诉求，注重产业发展和转型升级的土壤培育。相比之下，东北部区域在这方面就明显落后于其他区域。在国有经济比重过高的既定现实背景下，政府如何更加具有包容性地提供产业政策和公共服务，让不同所有制的企业公平竞争、百花齐放，对于经济发展本已处于困境的东北部经济来说，是能否找到发展新动能的关键所在。

　　来自"服务力"改善的获得感提升，与近年来政府治理现代化的努力是分不开的。党的十八届三中全会以来，政府的行政审批制度改革持续推进，特别是推行标志性的"三张清单一张网"改革，致力于减少政府对资源的直接配置、减少政府对微观事务的管理和干预以及减少政府对资源要素价格的干预。从数据结果来看，改革已经初显成效，各地政府的努力已经在一定程度上影响了企业家对营商环境优化的"获得感"。

　　政府治理现代化改革是艰难的自我变革，也是营商环境优化的核心基础。我们欣喜地看到，各地政府的行政审批制度改革系列探索已经给企业带来了实实在在的"获得感"。随着改革的深化,我国的经济社会发展会持续倒逼政府治理现代化的变革。从这个意义上而言,改革永无止境。而改革的进程模式和效率,体现的是地方政府在现代化治理体系,特别是营商环境打造过程中的勇气和智慧。

核心发现 3
东部率先浴火重生

　　自2015年以来，我国经济发展转入新常态。经济增长速度一度放缓，告别了传统上不平衡、不协调、不可持续的粗放型增长模式。经济发展新常态下出现的诸多趋势性变化为我国企业带来不少的困难和挑战，同时也带来了很多机遇。在过去的一年里，全国各地区企业迎难而上，砥砺前行，积极适应经济发展的新常态，主动将发展动力从要素驱动、投资驱动转向创新驱动，使"十三五"实现了良好的开局。

　　东部率先发展。在2015年中国四大经济区域企业健康总分比较中，东部地区处于第四位，2016年上升到第三位，2017年全面超越，冲到了第一位。东部地区各个指标均跃居第一，恢复到了东部经济传统上应有的地位。这说明，东部地区企业已率先度过了经济转型升级的"阵痛期"，从新常态中重获新的发展动力，并逐渐表现出一种引领的态势。在"健康九力"中，东部地区展现出良好的创新力和竞争力。这说明，通过创新驱动引领企业发展，是企业应对经济结构调整和经济增速放缓的重要出路。

　　东北部缓慢转型。在2017年中国四大经济区域"健康九力"的比较中，东北部地区企业健康指数的得分较低，处于第四位。在经济新常态的转型发展中，东北地区企业的应对速度不如中部和西部。在四大经济区域里，东北部地区的企业环境（市场力、服务力、包容力）和企业行为（竞争力、责任力、合规力）的得分均落后于其他经济区域，但与2016年相比均有所提升。尽管面临诸多困难，东北部地区经济长期向好的基本面没有变，新的发展机会和增长动力正在加速孕育。东北老工业基地正处于"爬坡过坎"、"滚石上山"的关键时期。振兴东北老工业基地的市场活力，需要市场环境的持续改善和企业内生动力的不断提升。

　　综合四大经济区域的企业健康分析结果，我国东部地区已率先适应了经济发展的新常态，走出了一条以创新驱动发展的健康路径。中部、西部，尤其是东北部地区仍处于经济发展新常态之中，缓中趋稳、稳中向好。我们坚信，随着改革开放的深入推进、经济结构的持续优化调整以及创新发展动能的不断增强，我国各区域企业必将在"十三五"期间获得更健康有效的发展。

核心发现 4
创新创业焕发新生活力

创新创业是推动新旧动能转换和经济结构升级的重要力量。我国的创新创业正焕发新生机，释放出新活力，创新创业成效增长明显。中国企业健康指数的三年对比研究表明，反映企业家精神的创业力、创新力和领导力保持稳定向好状态，2017年，企业家敢于尝鲜、新领域探索和激情奉献的得分比较突出，技术创新的得分也比较突出，我国企业在创新创业中正焕发出新的生机和活力。

创新创业在孵化企业、带动就业、提升产业、推动供给侧结构性改革、保持经济运行在合理区间、促进经济转型升级等方面都发挥着日益重要的作用。2016年我国自主创新实现重大突破。"神威·太湖之光"超算、"潜龙二号"水下机器人、"墨子号"量子科学实验卫星等高科技领域的创新，崭新地定义了中国创新的高度。创新创业促进了新产业的创造和产业经济的持续增长。2016年世界上首个能覆盖脊柱全节段手术的机器人系统——第三代骨科智能化微创手术机器人，能覆盖45%以上的手术适应证。2016年高技术产业和战略性新兴产业的增长率分别达到10.8%和10.5%，比整个规模以上工业的增长率6%高出4个多百分点。据《中国企业报》报道，截至2016年年底，众创空间已实现全国所有省份的全覆盖，众创空间帮助1.5万个团队和企业获得投资，总额约539.6亿元。

创新创业是一个充满困难而又意义深远的持续过程，需要一个生命力旺盛、根植力强劲的生态系统。最关键的是，需要有效的顶层设计和配套的系统性体制机制，需要着力营造有利于各类创新创业要素共生互助、聚合裂变的生态环境，包括法律至上的法治环境和公平有序的市场环境，加强知识产权保护，构建多层次的金融市场，充分调动创新创业者的积极性、创造性和企业家精神等。

我们坚信，随着创新驱动发展战略的更好落实和从多个方面推动创新创业向纵深发展，我国的创新创业必将进一步焕发新的生机，释放新的活力，并且必将在实现我国到2020年迈进创新型国家和人才强国行列的目标中发挥举足轻重的作用。

核心发现 5
混合所有制改革基础显现

　　为应对日益激烈的国际竞争和挑战，推动我国经济保持中高速增长、迈向中高端水平，需要深化国有企业混合所有制改革，实现各种所有制资本取长补短、相互促进、共同发展。但是，混合所有制改革中容纳多类资本共舞互融的理想局面绝非企业一厢情愿便可成功实现的，它不仅需要政府的政策引导和法律法规的完善，更需要不同资本间的"门当户对"，以及在此基础上形成的有机融合。换句话讲，混合所有制的关键不在于混，而在于合。一来，不同的资本之间要有相当的实力和互补的优势，唯此，各方的合作与融合才有可能平衡；二来，不同的资本之间要对外部宏观环境、行业发展趋势和事业未来愿景等有共同的认识，唯此，各方才能彼此包容，在并肩前行途中方能取得协调性；三来，不同的资本都要有健康的"体魄"和"灵魂"，唯此，合作与融合才有可能持续。

　　中国企业健康指数三年对比研究表明，三年前外资企业在企业家精神和企业行为两个维度上的健康得分均排名第一，但在环境维度上得分相对偏低。在企业家精神维度上，每年都是民营企业得分高于国有企业。在企业行为健康得分上，前两年是国有企业高于民营企业，第三年趋同。在企业环境维度上，国有企业和民营企业在2017年差距明显缩小。总体上，三年来国有企业在企业家精神方面的提升非常明显，而在企业行为和企业环境感知方面，民营企业的提升幅度则是一马当先，外资企业在三个维度上得分表现相对比较稳定。可以说，三类企业在健康三维度的得分上已经逐步呈现出"齐头并进"的态势。这表明三类企业对外部环境的感知越来越趋同，各自的精神状态和行为表现也越来越接近，这为接下来三方共享彼此优势、更好地推动交叉融合奠定了良好的基础。

核心发现 6
愿景领导力激发内生动能

领导力是企业员工对组织领导特征的知觉，是企业家精神在绩效导向、员工引领和健康理念上的具体表现。调查表明，中国企业领导力更是一种愿景领导力，着眼于企业可靠的、真实的、具有吸引力的未来，激发员工向长期目标努力，这是一种企业内生动能。

2017年的调查报告表明，领导力、创新力和创业力得分十分接近。相比于2015年和2016年，领导力更有突出表现。企业在绩效导向上重视推行企业愿景，在员工引领上强调正面价值观，在健康管理上关注健康理念，领导力更加具有未来导向性，更具有愿景性领导力的基本特征。对领导力与企业行为关系数据的深入分析表明，相比于其余八力，领导力对企业竞争力，特别是人才开发的影响最为深远。

连续多年的企业健康指数研究表明，人才开发是企业竞争力的最薄弱环节。我国企业人力资源能力建设面临人才结构、人才投资和人才使用等诸多挑战，区域人才开发存在巨大差距，人才资源作为第一资源严重制约着企业的内生动能，影响着区域经济的协调发展。

领导力的本质是对人的吸引力和影响力，领导力开发是现代人力资源管理的一项重要举措，是除规范管理、物质激励以外，强调以人为本，激发人才主动性和积极性的管理方法。愿景领导力更是一种新型的组织领导力，它着力于谋划组织愿景，以此激发人才的内在动能。我国企业面对的人力资源瓶颈将长期存在，企业更需要有耐心和信心提高人才的内生动能，把领导力开发作为一项长期的战略性举措。

第二章
研究说明

第一节　研究背景

按照"中国企业健康指数"研究的设计，"中国企业健康指数"研究逐年扩大了调查范围，增大了研究深度。2012年的研究以中国民营企业为研究对象，提出了"三九企业健康生态系统"理论，设计了中国企业健康指标体系。2013年的研究增加了对国有企业的调查，对比了国有企业和民营企业的健康状况。2014年的研究增加了对外资企业的研究，对比了国有企业、民营企业和外资企业的健康状况。从2015年开始，调查范围覆盖了东部经济区域、中部经济区域、东北部经济区域和西部经济区域，对四大经济区域的企业健康状况、健康新表征和新趋势等进行了深度研究。

第二节　研究方法

"中国企业健康指数"研究采用了定量方法和定性方法相结合的方式，综合运用了文献研究法、德尔菲专家法、深度访谈和问卷调查法等研究方法。具体的研究过程和方法如图2.1所示。

●●●1. 文献研究法

文献研究法是一种古老而又富有生命力的科学研究方法，通过搜集、鉴别、整理和分析文献资料，形成对事实的科学认识。文献研究为"中国企业健康指数体系"设计提供了理论基础，为中国企业健康指数年度报告调查提供了最新的资料。

文献研究　　　　　德尔菲专家法　　　　　深度访谈　　　　　问卷调查

初步资料分析：
- 国内外相关研究资料
- 提出研究假设
- 内部头脑风暴

构建健康力量体系：
- 理论框架
- 指标体系
- 核心元素

获取定性资料：
- 理论框架搭建
- 定量问卷测试语句

获取定量数据：
- 问卷执行
- 数据整理
- 数据分析
- 报告撰写

图2.1　中国企业健康指数研究方法

●●●2. 德尔菲专家法

德尔菲专家法是一种专家意见调查方法。它通过书面形式背靠背地多轮次征求、汇总和反馈专家意见，最终获得一致的专家意见。德尔菲专家法充分利用了专家的知识、经验和智慧。

德尔菲专家法的主导原则

◎ **领域**　选择在本领域有影响力的专家类型；
◎ **数量**　足以全面体现不同类型专家的意见；
◎ **意见**　仅以专家资历与经验选择，不以其意见偏向选择；
◎ **表达**　匿名互动。

"中国企业健康指数"研究的德尔菲专家法

本研究依据研究目的和内容，征求了包含来自学术界、企业界、咨询界的代表，对企业健康力量框架的指标体系和权重进行了多轮评议，最终确定了健康指数的指标体系框架和权重。德尔菲专家法的操作流程如图2.2所示。

```
┌─────────────────┐
│ 确定研究课题     │
│ 成立管理小组     │
└────────┬────────┘
         │
┌────────▼────────┐
│ 设计操作程序     │
└────────┬────────┘
         │
┌────────▼────────────┐
│ 向专家寄出邀请信:     │
│ 1. 说明德尔菲程序     │
│ 2. 说明研究的课题     │
│ 3. 邀请参加研究       │
└─────────────────────┘
```

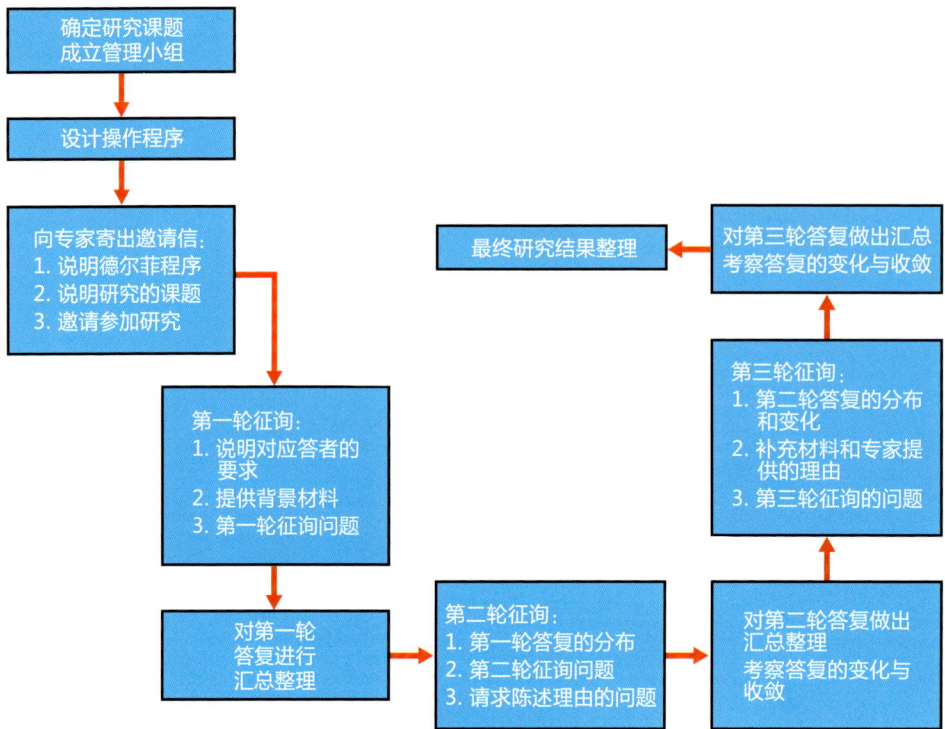

图2.2　德尔菲专家法操作流程

　　依照图2.2所示流程，"中国企业健康指数"研究的德尔菲专家法的实施分两个阶段，第一阶段是中国企业健康指数指标体系征询，由项目组向专家分发指标体系框架初稿，征询各位专家的意见。在第一轮反馈之后，对指标体系进行调整，然后进行第二轮的专家意见征集。依据反馈意见再次对指标体系进行修改，并将第二次修改后的指标体系分发给各位专家，对指标体系进行第三轮意见征询。这一轮的专家反馈意见基本一致。最后将修改好的指标体系分发给专家进行确认，从而确定最终的指标体系。第二阶段是对中国企业健康指数指标的重要性进行评分。将确定后的指标体系分发给专家，要求他们对一级、二级指标的重要性进行评价，取专家评分的平均数作为指标取舍的基本依据。

●●●●3. 深度访谈

　　深度访谈是一种无结构的、直接的、一对一的访问，通过研究人员对受访对象进行深入的访谈，了解他们的见识与经验，以及对某一问题的潜在动机、信念和态度。深度访谈通常需要花45～90分钟时间，并在友好平和的访谈氛围中进行。"中国企业健康指数"研究对被访企业的关键人物进行深度访谈，了解企业健康力量表现的背后原因，并对企业健康的内涵进行深度挖掘。

●●●4. 问卷调查法

问卷调查法是指运用统一设计的问卷向调查对象了解情况或征询意见的一种调查方法。调查问卷经过统计分析，可以对研究问题提供量化的阐释和支撑。

问卷调查对象

在前三年的"中国企业健康指数"研究中，确定调查对象所在企业性质是关键，研究采用的方法是由参与填写问卷的高管确定的。对于民营企业和外资企业的界定比较容易。国有企业和外资企业以外的算作民营企业，外国的企业或个人投资管理的企业是外资企业。对于国有企业的界定比较复杂，目前有三种主要界定方法：

（1）根据政府实际占有的股份比例界定；

（2）根据政府对企业高管的人事权界定；

（3）根据企业自己确定的企业性质界定。

法律上，企业性质主要以工商登记为准。实践中在判断企业性质时并非采用单一标准。比如，企业可能是政府全资企业，也可能是国有资本、民间资本，和/或外资的混合股份企业；国有控股可能是绝对控股，也可能是相对控股；高管人事权可能由国有资产管理部门掌握，也可能由企业董事会自行掌控。确定企业性质的标准可以是所有权、资本结构、控制权，也可以是高管的认同感。认同感标准的合理性一方面在于企业高管的身份认同感决定了企业的行为方式，另一方面在于企业高管也是最熟悉企业状况的群体。因此，高管认同也是学术研究中常采用的分类标准之一。

《2017中国企业健康指数报告》的研究样本覆盖了中国四大经济区域，问卷调查对象的基本情况如下（详见附录）：

◎共调查了全国31个省、自治区、直辖市的1353名以企业高级管理者为主体的样本，东部区域（北京、天津、河北、上海、江苏、浙江、福建、山东、广东和海南）占42.3%，中部区域（山西、安徽、江西、河南、湖北和湖南）占17.4%，西部区域（内蒙古、广西、重庆、四川、贵州、云南、西藏、陕西、甘肃、青海、宁夏和新疆）占30.5%，东北部区域（辽宁、吉林和黑龙江）占9.8%；

◎国有企业样本占26.5%，民营企业样本占52.6%，外资企业样本占11.5%，其他性质的企业样本占9.4%；

◎董事长、总裁、总经理以及CEO占25.0%，副董事长、副总经理、副总裁占23.4%，以部门经理为主的其他人员占51.6%。

第三章

中国企业健康指标体系

第一节　研究过程

　　"中国企业健康指数"研究首先通过案头工作，整理出初步的指标体系框架，然后通过德尔菲专家法确定指标体系的框架和指标，最终形成了中国企业健康的指标体系。后续研究根据以往研究结果和当期研究的实际需要相应微调指标体系，但为了确保纵向可比，维持指标体系框架稳定不变。研究过程如图3.1所示。

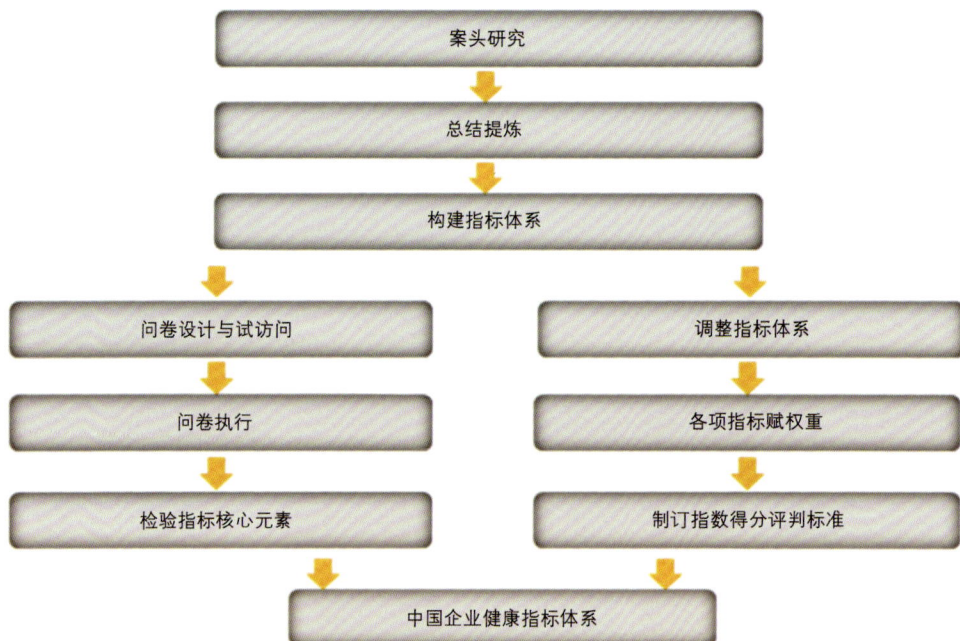

图3.1　中国企业健康指标体系研究过程

第二节　理论基础

●●●1. 企业健康生态系统理论

生态系统概念是由英国生态学家坦斯利（Tansley，1871—1955）在1935年提出的，指在一定的空间和时间范围内，在各种生物之间以及生物群落与其无机环境之间，通过能量流动和物质循环而相互作用的一个统一整体[1]。

借鉴生态系统概念，"企业健康生态系统理论"创建了企业健康生态系统的两大原则：

（1）只有当企业家、企业、商业环境三者之间保持良好的互动和反馈并充分发挥各自的功能时，才能形成企业健康发展的生态；

（2）企业健康系统的运作来自系统内部九个元素之间的相互作用，而且在一定程度上这些因素可以作为改进企业健康措施的依据。

本研究根据企业健康三个维度之间的关系，提出了企业三维互动理论公式：

$$B = f(E_1 \times E_2)$$

式中：B指企业行为（behavior）；E_1指企业家精神（entrepreneurship）；E_2指企业环境（environment）。

此公式的含义即企业行为是企业家精神和企业环境相互作用的结果。企业行为是一个动态过程，企业家精神影响企业行为，有什么样的企业家就会有什么样的企业行为，它会在很大程度上影响企业行为的指向；企业行为受制于企业家精神和企业环境两个因素，企业家精神和企业环境这两个因素的综合作用产生企业行为；企业环境反作用于企业行为和企业家精神，即不同的企业对同样的环境条件会产生不同的行为，同一企业对不同的环境条件会产生不同的行为，甚至同一企业，如果环境条件发生了改变，对同一个环境也会产生不同的行为；只有三者之间的良好互动才能带来整体的企业健康形态。

●●●2. 利益相关者理论

利益相关者理论是一个以企业与社会价值观为中心的商业道德和组织管理理论，最早出现在弗里曼（Freeman）于1984年所著的《战略管理：利益相关者方法》一书中。该理论认为，企业是其与各种利益相关者结成的一系列契约，是各种利益相关者协商、交易的结果，无论是投资者、管理人员、员工、顾客、供应商，还是政府部门、社区等，都对企业进行了专用性投资并承担由此所带来的风险。因此，为了保证企业的持续发展，除了股东以外，企业也应当对其他利益相关者负责，在企业治理过程中要兼顾内部和外部有关权益主体的利益。

依据此理论，企业的利益相关者分为内、外两个方面，即企业和环境。企业本身是形成企业发展的内部因素，环境则是促成企业发展的外部因素。企业成长的关键是保持企业内外平衡。

●●●3. 企业产权理论

企业产权理论起源于格罗斯曼和哈特（Grossman和Hart，1986）[2]以及哈特和摩尔（Hart和Moore，1990）的研究[3]。根据企业产权理论，价格机制和权力权威是两种不同的控制权，其中权力权威是难以缔约的控制权，所以称为剩余控制权。企业内契约的约束力越小，则剩余控制权的作用越大。产权理论认为，控制权在企业中的作用是培养和保护投资者的投资。因为控制权本质上植根于所有权，所以企业控制权的特点与企业所有权的结构密不可分。

国有企业、民营企业和外资企业的分类虽然是按照所有权定义的，但重点却是企业的控制权归属，以及对投资者投资的保护和发展。控制权的重要性体现在能接触、分配和使用企业的资产。在不同的所有权结构下，剩余控制权的比例也有所不同，企业控制权对企业资产的操作性也存在差别。

第三节　指标体系

●●●1. 指标体系内容

　　"中国企业健康指数"的指标体系包括四个层级：一级指标包括企业家精神、企业行为和企业环境；二级指标包括创业力、创新力、领导力、竞争力、合规力、责任力、市场力、服务力和包容力；三级指标是九个健康力所对应的维度；四级指标是三级指标维度下的具体测量问项。一、二级指标构成了"中国企业健康指数"的总体框架。为了保障历次企业健康指数的可比性，必须维持总体框架稳定，三、四级指标可以根据实际研究需要进行调整。

　　每年指标调整的原则：

　　（1）尽量保留四级指标，"扩充"优先于"删除"；

　　（2）维持三级指标内容，"组合"优先于"更换"。

　　2013年的研究在2012年研究的基础上修改了市场力的四级指标，将相对具体的指标替换为相对抽象的指标，并变更了三级指标。2014年的研究在2013年研究的基础上修订了企业行为和企业环境的四级指标，在企业环境部分增加了两个三级指标，在进行"中国企业健康指数"跨年比较时，两个新增的三级指标未包含在内。2015年的研究在2014年的基础上进行了一些调整：根据测量指标内涵，把绩效引领命名为绩效导向；把人际导向命名为员工引领；把创新力、绩效导向、员工引领、竞争力、商业伦理、道德责任、竞争公平、制度约束、政策制定、媒体舆论、公众包容和行业协会对应的四级指标进行了删减和合并，使其内容更加符合二、三级指标内涵，更加容易理解和评价。2017年的研究采用了与2015年相同的指标体系。

　　2012—2017年研究中使用的指标体系如表3.1所示。

表3.1　中国企业健康指标体系

一级	二级	三级（2012年）	三级（2013年）	三级（2014年）	三级（2015—2017年）
中国企业健康指标体系					
企业家精神	创业力	冒险精神	冒险精神	冒险精神	冒险精神
		合作精神	前瞻意识	前瞻意识	前瞻意识
		敬业精神	敬业精神	敬业精神	敬业精神
	创新力	—	—	—	—
	领导力	个人影响	绩效引领	绩效引领	绩效导向
			人际导向	人际导向	员工引领
		健康管理	健康管理	健康管理	健康管理
企业行为	竞争力	—	—	—	—
	合规力	商业伦理	商业伦理	商业伦理	商业伦理
		法律法规	法律法规	法律法规	法律法规
		契约精神	契约精神	契约精神	契约精神
	责任力	员工负责	道德责任	道德责任	道德责任
		用户负责	经济责任	经济责任	经济责任
		社会负责	社会责任	社会责任	社会责任
企业环境	市场力	公平竞争	竞争公平	竞争公平	竞争公平
		融资渠道	制度约束	制度约束	制度约束
		税赋压力		市场职能	市场职能
	服务力	政策制定	政策制定	政策制定	政策制定
		政府服务	政府服务	政府服务	政府服务
				平等待遇	平等待遇
	包容力	媒体报道	媒体舆论	媒体舆论	媒体舆论
		公众包容	公众包容	公众包容	公众包容
		行业协会	行业协会	行业协会	行业协会

●●●2. 计算方法

（1）得分计算方法

"中国企业健康指数"的总得分等于各个一级指标的实际得分与其相应权重乘积之和。同样，一级指标得分等于相应的二级指标得分与其权重的乘积之和，二级指标得分等于相应的三级指标得分与其权重的乘积之和，三级指标得分等于相应的四级指标得分与其权重的乘积之和。计算公式如下：

$$T=\sum_{g=1}^{y}\left\{\sum_{k=1}^{x}\left[\sum_{j=1}^{n}\left(\sum_{i=1}^{m}C_ic_i\right)b_j\right]a_k\right\}t_g$$

式中：T—— 中国企业健康力量总得分；

　　　t_g——第g个一级指标得分对应的权重，$g=1,2,\cdots,y$；

　　　a_k——第k个二级指标得分对应的权重，$k=1,2,\cdots,x$；

　　　b_j——第j个三级指标得分对应的权重，$j=1,2,\cdots,n$；

　　　c_i——第i个四级指标得分对应的权重，$i=1,2,\cdots,m$；

　　　C_i——第i个四级指标的得分，$i=1,2,\cdots,m$。

一、二级指标的权重t_g和a_k通过三轮德尔菲专家法得出；三、四级指标的权重通过计算指标公共因子的贡献度得出，公式如下：

$$\lambda=\sum_{j=1}^{k}a_{ij}^2$$

式中：a_{ij}为第i个成分和第j个变量的相关系数；k为所取的因子个数。

（2）得分检验方法

在比较不同指标和不同企业类型、区域之间等差异时需要考虑差异是否在统计上有意义，本报告中的统计显著性水平设置为$p<0.05$。

《2017中国企业健康指数报告》主要比较了四大经济区域（东部、东北部、中部和西部）的企业健康状况，以及企业健康九力的相对变化趋势。

第四节　自评工具

　　"中国企业健康指数"得到的结论是对区域或某类型企业的总体评价，并不能帮助单个企业了解自身的健康状况。企业可以根据课题组日趋完善的"中国企业健康指数"评价问卷，参考本报告的全国企业健康得分数据，自我评价企业健康状况。

第四章

2017年中国企业健康总评

●●●企业健康总分在不同的调查对象中呈现差异分布

　　企业健康总分在不同的调查对象及其所在企业背景上存在差异。调查对象年龄在31～40岁的评分最高（见图4.4），高中及以下学历的评分较高（见图4.5）；来自成立时间5年及以下企业的调查对象的评分相对较低（见图4.6），员工规模在100人及以下企业的评分相对较低（见图4.7），销售规模在500万元人民币及以下企业的评分相对较低（见图4.8）。企业健康总分的差异性分布，揭示了不同企业在经营管理上面临的问题和挑战的差异。希望企业家们根据各自的"健康九力"得分，对症下药，探索健康发展之道。

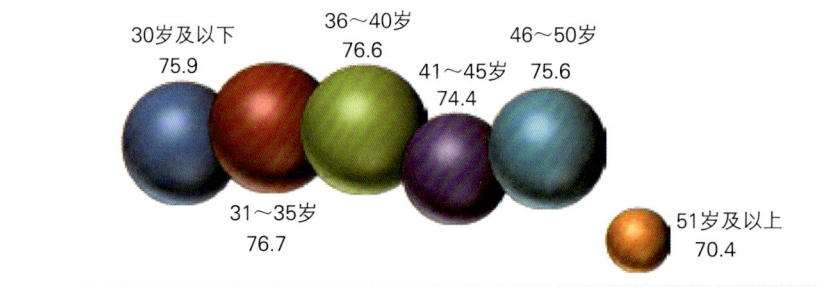

30岁及以下 75.9
36～40岁 76.6
46～50岁 75.6
41～45岁 74.4
31～35岁 76.7
51岁及以上 70.4

图4.4　总体评分：按样本的年龄分布

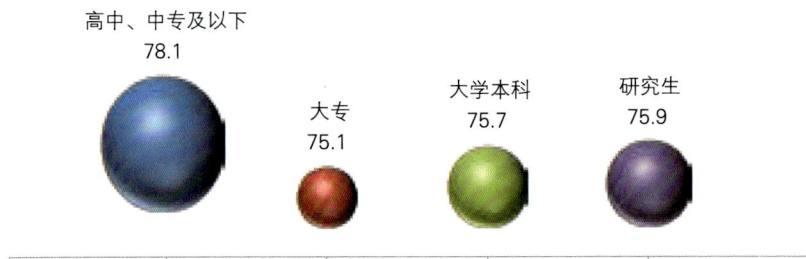

高中、中专及以下 78.1
大专 75.1
大学本科 75.7
研究生 75.9

图4.5　总体评分：按样本的教育程度分布

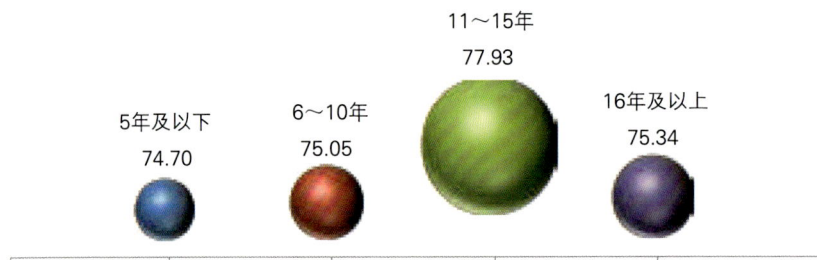

11～15年 77.93
5年及以下 74.70
6～10年 75.05
16年及以上 75.34

图4.6　总体评分：按样本所在企业的年限分布

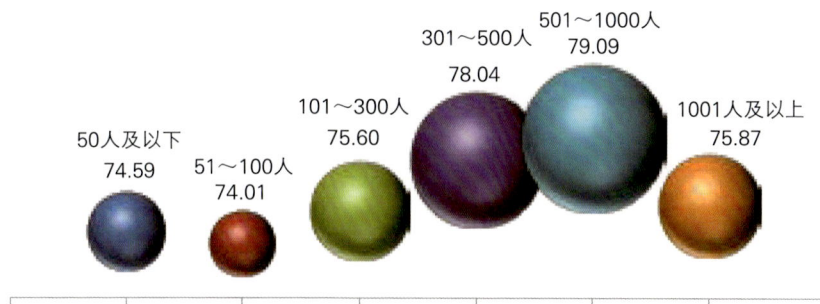

图4.7　总体评分：按样本所在企业的员工规模分布

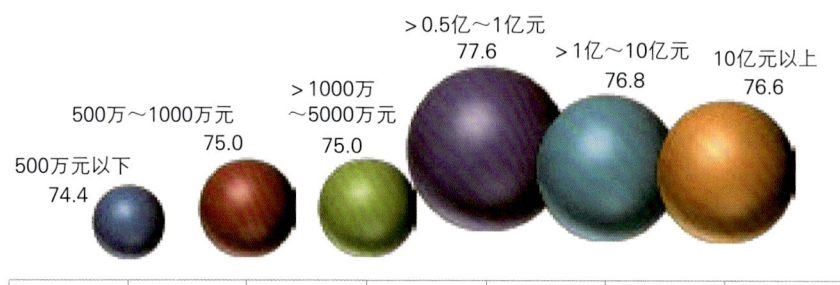

图4.8　总体评分：按样本所在企业的销售规模分布

第二节　企业健康九力分析

从2012年到2014年，中国企业健康指数研究一直关注不同所有制企业间健康九力的比较分析。在当前中国区域经济一体化快速发展阶段，不同所有制企业更加谋求产业合作共赢，"共生共长"日益显露。因此，从2015年开始，中国企业健康指数研究着力于对中国四大经济区域（东部、东北部、中部、西部）的企业健康指数进行比较分析。

企业家精神是"中国企业健康指数"的第一个维度，由创业力、创新力和领导力三个健康力构成。本次研究显示，企业家精神健康总体得分是76.4分，东部地区得分最高（约78分），其余三个地区得分比较接近（约75分）。各个区域的得分如图5.1所示。

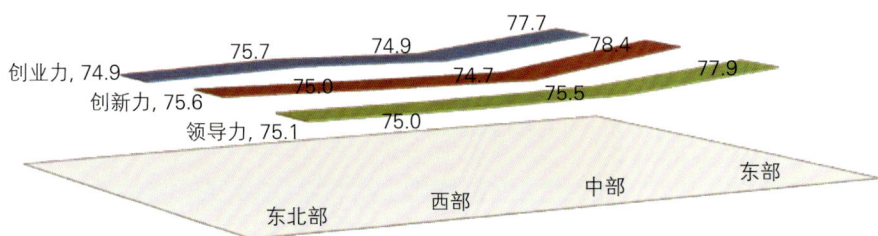

图5.1　企业家精神得分区域比较

第一节　创业力分析

创业力测评以"创业导向"[4]为理论基础。创业导向原指新创组织在创业行动中展现出来的与创业有关的主要特征，包括自主行动、创新意识、风险承担、前瞻意识和竞争进取。"中国企业健康指数"研究以创业理论为基础，通过实证调查分析，构建了创业力评价指标——冒险精神、前瞻意识和敬业精神。

从图5.2所示的企业创业力得分可以看出，企业的冒险精神得分最低，敬业精神得分最高的。

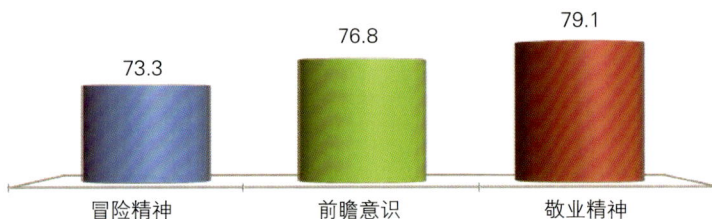

图5.2　创业力得分

从创业力得分的区域比较可以看出（见图5.3），在区域内部，冒险精神、前瞻意识和敬业精神的得分差距显著，敬业精神都是最高的，而冒险精神都是最低的。同一区域内部的三个维度也存在显著差异，西部地区的差距最大。特别是在区域之间，冒险精神、前瞻意识和敬业精神的得分也存在差距，东部地区相对最高，其余三个地区相对比较接近。

冒险精神是创业力的核心要素。冒险精神总是与机会获得有关，当中国经济经历三十多年的高速发展以后，粗放型发展模式的空间正在消失，企业在具备前瞻性、战略性思维开拓空间时，更需要在行动上敢于承担风险，摒弃冒险精神方面的劣势。

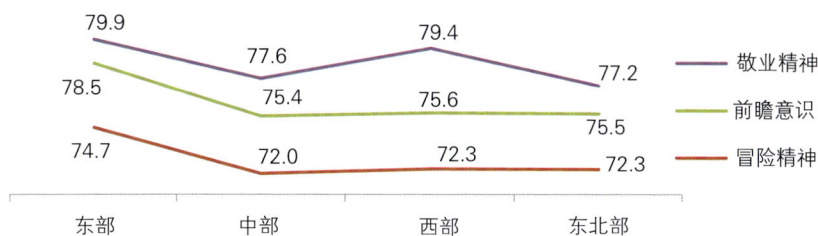

图5.3　创业力得分区域比较

相关案例　狼性成就滴滴

2012年6月，程维和小伙伴们一起创办了小桔科技。同年9月，滴滴打车上线。在四年多的时间里，滴滴打车迅速崛起，成为打车软件的领导企业。滴滴从成立到现在一直处于高度竞争的市场中，时刻面临着危机。程维说："滴滴就是一辆以时速250公里高速行驶的汽车，在路况异常复杂的路上，还有人来撞你。任何一个细节的操作失误，任何一个弯道，甚至一块石头，都很可能让我们前功尽弃。""很多次，稍不小心，滴滴可能就死掉了。"

腥风血雨的日子

滴滴的会议室，大大小小有不下20个，虽然装修风格都很一致，但是名字毫无章法：西客站、C980、七天七夜、狼图腾。每一个会议室名字的背后，都是滴滴曾经经历的腥风血雨。

七天七夜，是滴滴CTO张博最难忘也流传很广的"励志故事"。2014年1月，滴滴发起补贴大战，背后是微信和支付宝的"支付决战"。两周时间里，订单量上涨50倍，眼看40台服务器撑不住了。张博向程维求助，程维连夜电话连线马化腾，马化腾立刻在腾讯调集了一支精锐的技术部队，一夜间准备了1000台服务器。在位于北京海淀苏州街的银科大厦里，张博和技术团队、腾讯部队奋战七天七夜，重写服务端架构。

玩的就是惊心动魄

滴滴和快的合并后，程维的对手是估值500亿美元的Uber，以及它背后的斗士特拉维斯·卡拉尼克（Travis Kalanick）。2016年上半年，Uber中国"烧"掉了近15亿美元。过去的一年，特拉维斯·卡拉尼克一半以上的时间都在中国。要知道，在Uber全球排名前五名的城市中，中国占据四席。最可怕的是，Uber一击即中滴滴软肋。

"Uber是带着枪和炮来的，我们还拿着刀，需要赶紧进化。"滴滴平台产品总监罗文说。但专车价格的下探势必引发出租车司机的不满，如何化解政策风险？上线仅四个月的专车产品尚不完善，如何补短板？

眼看Uber就要弯道超车，程维怒了，要么应战，要么等死。他火速调集市场、业务、PR、HR和财务同学（滴滴内部互称同学），成立了"狼图腾"项目组，打算和Uber"火拼"。他每隔一个小时就会给陈汀发一条信息："空吗？过来一下。"以至于，坐办公室的陈汀微信统计的运动量维持在每天一万步以上。"老大的压力很大。"陈汀说。

和Uber的这场战争，程维称为闪电战，拼的是最有效地组织资源，快速奔跑赢得市场。"这10个月，我每天感觉是坐在一辆飞速行驶的车上，轮子都要飞出去了，但是我们还要踩油门。每天都惊心动魄。"

没有安全感的公司

滴滴发展得太快了。成长速度过快，势必导致问题的产生，而这些问题有致命的可能。程维曾说，"滴滴是一家容错率很低的公司，一个错误就可能前功尽弃。"

2016年10月9日，程维从上海市交通委员会主任孙建平手中接过"首张专车牌照"。当天下午，滴滴大范围宕机。张博的第一反应是黑客攻击，这对于他来说简直是灭顶之灾，后来发现，是一个运维工程师的误操作。

宕机那天，顺风车事业部总经理黄洁莉的微信爆了，"前老板、前前老板、各种同事都来问滴滴怎么回事儿"。程维突然发现，滴滴已经融入每个人的生活，宕机就跟全城停电一样。那一整天，张博手都在抖。

在程维看来，滴滴的危机感远远不止这些："滴滴是最没有安全感的公司。我们生在血海狼窝里面，时间和地点都不对，出生在战争年代，就注定要面对残酷的竞争，一刻不得停。"

（资料来源：新浪财经http://finance.sina.com.cn/roll/2016-02-16/doc-ifxpmypf3107312.shtml）

1. 冒险精神：贵在舍弃、勇于尝试

"冒险精神"对企业的意义在于主动采取行动，创造行业变革，从而占据先发优势。冒险精神的四个指标中，"否定自我"得分最低，"敢于尝鲜"得分最高，其他两个指标得分接近（见图5.4）。在各个区域中，"否定自我"得分显著低于其他三个指标，"敢于尝鲜"（除西部地区）明显高于其他维度（见图5.5）。否定和尝鲜构成了冒险的两种典型行为。敢于尝鲜是企业家对新领域、新业务的探索，是追求创新、创造新供给的尝试，是一种难能可贵的冒险精神。因此，两个数据一高一低，似乎反映了企业家对摒弃传统、否定自我与大胆尝试、先人一步的平衡心理，他们愿意传承，也愿意尝鲜。

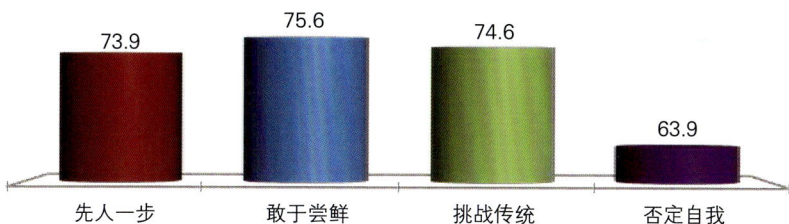

图5.4　冒险精神得分

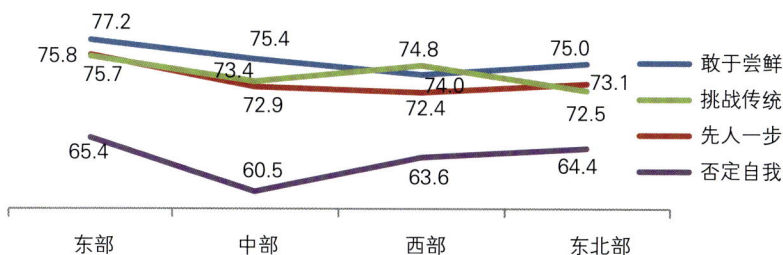

图5.5　冒险精神得分区域比较

2. 前瞻意识：具有探索与进取精神

"前瞻意识"对企业的意义在于企业对未来的把握，可以从企业的变革意愿、进取文化、探索精神和风险控制等四个方面评价。如图5.6所示，锐意进取和新领域探索得分最高且接近，主动变革得分最低。这反映出，企业具有探索进取的精神，但是在风险控制、主动变革上显得保守。

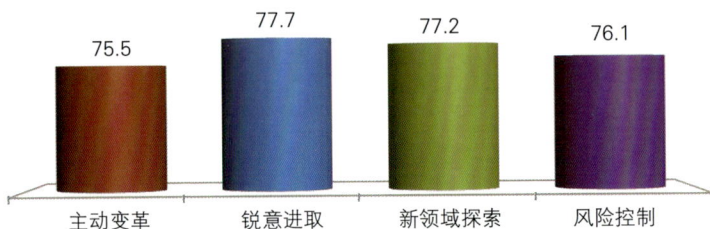

图5.6　前瞻意识得分

通过区域比较可以看出（见图5.7），东部地区四个维度差异较大，锐意进取和新领域探索得分高于主动变革和风险控制；中、西部地区锐意进取和新领域探索得分相似，主动变革和风险控制得分相似；东北部地区的风险控制得分最高，其余三个维度得分接近。

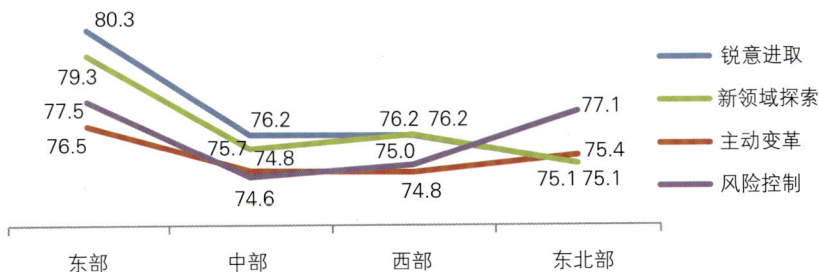

图5.7　前瞻意识得分区域比较

3. 敬业精神："坚持执着"是企业家精神之基石

"敬业精神"对企业的价值在于坚持、坚守企业和企业家的最高目标。如图5.8所示，敬业精神的四个指标中，以坚持执着为先，紧随其后的是艰苦奋斗、激情奉献和责任承揽。艰苦奋斗是中国企业家的传统理念，坚持执着更是新时代对企业艰苦奋斗的诠释，是企业家的精神基础之一。四个区域的各项得分都大于75分（见图5.9），说明中国企业家都具备责任承揽、激情奉献、坚持执着和艰苦奋斗的精神。

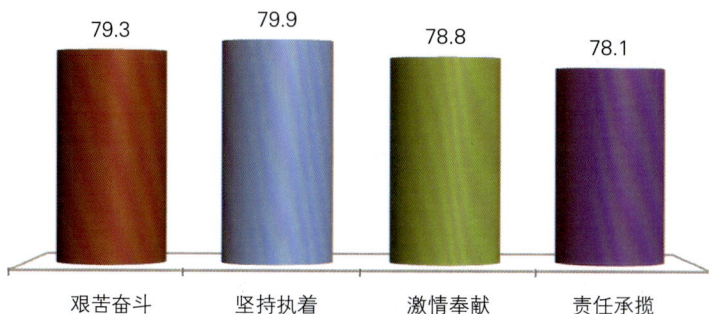

图5.8　敬业精神得分

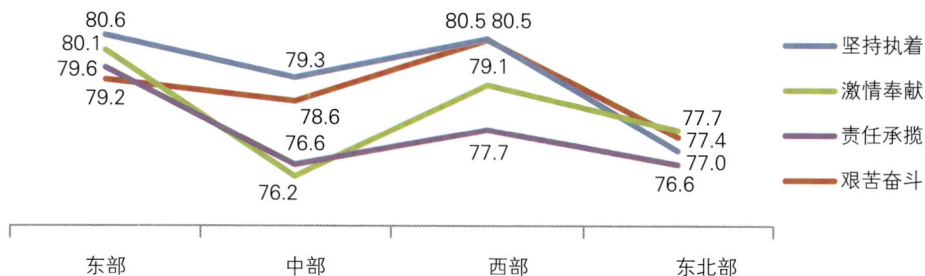

图5.9　敬业精神得分区域比较

第二节　创新力分析

组织创新从本质上来讲就是一种给组织带来变化的手段。在理论上，企业创新的类型根据不同标准有不同的分类[5]。比如，根据职能可以将企业创新分为管理创新和技术创新，根据程度可以将企业创新分为变革创新和修缮创新。"中国企业健康指数"研究按照创新内容将企业创新分为产品与服务、技术与流程以及商业模式三大综合类型。

●●●1. 创新力全面塑造企业健康的动能

尽管创新力仅仅考察了技术与流程、产品与服务和商业模式的创新，但是这三大类创新反映了企业创新的全貌。从图5.10可见，三类综合创新得分都不低于75分，表现出优良水平。其中产品与服务是最可能也是最创新的内容，其次是技术与流程，再次是商业模式创新。如果说技术与流程创新、产品与服务创新是企业的内在动能，那么商业模式创新是企业的外在动能。

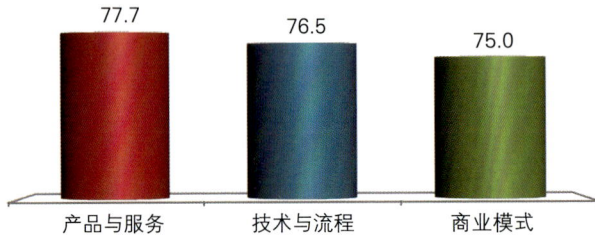

图5.10　创新力得分

●●●2. 创新驱动存在巨大的区域差异

从图5.11所示的创新力得分区域比较来看，东部、中部地区的创新力较为综合、全面，特别是东部地区综合水平较高。西部、东北部地区的商业模式创新显著偏低。商业模式创新是企业整合外部资源的经营方式，是市场资源配置、企业价值优化的表现形式，对西部、东北部地区具有十分重要的意义。商业模式创新需要企业家有良好的经营理念和管理技术，需要摒弃更多传统思维模式，因此也是很多企业较为慎重的地方。

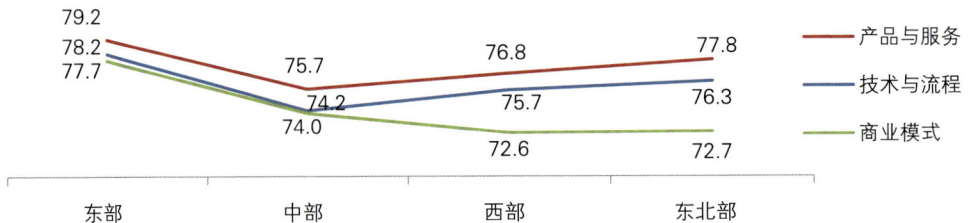

图5.11　创新力得分区域比较

相关案例　中国高铁凭什么领先世界？

短短10年间，中国高铁已经具有世界第一的运营规模，速度和整体配套居于领先地位，拥有全球最为庞大、完整的产业链，中国高铁已经领先世界了。

高铁成功的关键是科技创新

中国高铁的发展历经了三个阶段：一是2004年前的技术积累期；二是2004年到2008年的技术引进期；三是2009年至今的全面自主创新期。

2004年中国铁路"引进，消化，吸收，再创新"战略的实施是一个分水岭。整整一个世纪的时间里，中国铁路虽然举步维艰，但1997年后进行的七次铁路大提速，以及其间的各种准高铁机车和线路的试验和实践，尤其是"中华之星"等列车的研制，全是自主创新的结果。可以说，在2004年以前的20年时间里，中国人是铆足了劲干高铁的，储备了大量科技能量，形成了中国铁路能快速消化、吸收国外先进技术，并进行再创新的先天禀赋。

世界前列的科技创新能力

中国高铁创新之路在时间线索上体现了厚积薄发、急剧迸发的特点，在空间层面上则呈现出多点开花、以点带面的全方位创新发展的特点。

中国高铁科技的原始创新主要体现为基础理论的创新。轮轨关系、弓网关系和流固关系，是高铁系统的三大技术理论课题，分别研究车轮和轨道之间的耦合关系、受电弓和车顶的电网之间的关系以及列车运行空气动力学。中国高铁"沈氏理论"和"翟孙模型"、高速列车耦合大系统动力学理论、铁路空气动力学和列车撞击动力学等理论创新，都是举世公认的原创成果。

中国高铁的最厉害之处，莫过于集成创新能力。如果说一列动车组就是一条钢铁巨龙的话，那么我们已经完全可以自主地决定这条龙长什么样子，脚程快不快，脑子好不好使，转弯灵不灵活，力气大小合不合适。这就是集成创新的能力，这一集大成的创新能力，使得我们具备生产和驯服钢铁巨龙的看家本领。

高速列车动车组的科技含量最高。其关键技术，中国完全自主掌握，包括总成、牵引传动系统、转向架、车线、网络控制系统和制动系统等九大方面。网络控制系统被称为"高铁之脑"，而牵引传动系统则是"高铁之心"。

"头"、"脑"和"心"等九大关键技术和受电弓、空调系统等十大配套技术，共5万个零部件的技术创新活动，集中体现在CRH380中国标准动车组身上。融合了交流传动技术、复合制动技术、高速转向架技术、减阻降噪技术等一系列最新科研成果，实现了众多技术创新与系统优化，是高铁技术集成创新的集大成者。

中国动车组已累计取得千余件相关专利授权。中国铁路已经掌握了设计、制造适应各种运行需求的不同速度等级的高速动车组列车成套技术，具备极强的系统集成、适应修改、综合解决并完成本土化的自主创新能力，最终形成自主技术标准与设计，完成从"中国制造"向"中国创造"的转身。

线下部分，更是中国高铁的强项。新中国成立后不久，中国的铁道兵在抗美援朝战争中被称为"世界上最顽强的铁路修筑者"，拥有不可思议的技术和决心。技术和精神的传承，使得今天的中国高铁在架桥铺路方面，无论是速度还是精度，都是世界第一。减震性轨道技术、车体密封技术、弓网受流技术等一系列的科技创新，确保了中国高铁平稳、舒适、快捷、安全地运行在神州大地上。

全面创新没有终点

最近修编的《中长期铁路网规划》，充分描述了中国铁路的发展现状，认为中国高铁系统集成等创新成果显著，自主发展能力与核心竞争力不断增强，我国铁路总体技术水平进入世界先进行列。创新没有终点，正视不足是一个新的开始：中国铁路运营里程尤其是重载铁路运营里程还不及美国，高铁技术比如列车制动的核心零部件制造技术等诸多地方需要追赶老牌高铁国家。

（来源：学习时报网http://www.studytimes.cn/zydx/KJJS/KEJYSH/2017-03-08/8629.html）

第三节　领导力分析

领导原型是指组织成员对组织领导特征知觉的基本属性。"中国企业健康指数"研究将领导原型归为绩效导向和员工引领两个方面，分别评价企业家精神在企业的绩效推动和组织建设方面的表现。除了领导原型外，也将企业领导者或企业文化中的健康理念作为一个独立的三级指标进行评价。

从图5.12所示的领导力综合得分来看，企业家在员工引领上的得分显著高于绩效导向得分。可见企业家对企业组织建设方面的评价高于在绩效推动方面的评价。绩效推动是对企业业务的不断改进，相比于较为柔性的文化理念传导，更容易受制于市场环境和内部管理体制等客观要素。

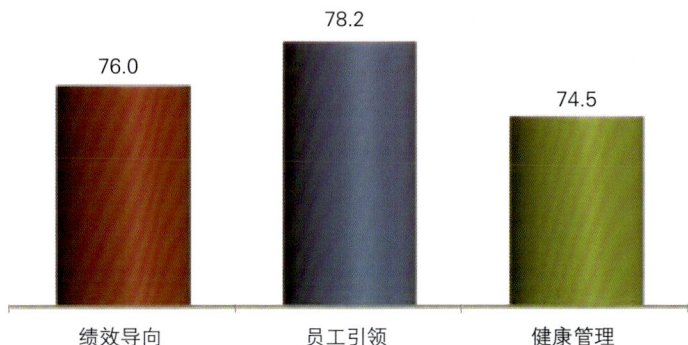

图5.12　领导力得分

如图5.13所示，各个地区的员工引领表现最好，健康管理表现最差。东部地区的领导力表现最好，其次是中部，西部和东北部地区的领导力相对较弱。领导力是一种重要的激励，是现代人力资源管理的重要内容之一，领导力健康水平影响着企业人才开发效果。由于中国四大经济区域的经济状况、产业结构、传统文化和人文素养等方面有着巨大差异，在人力资源管理的理念、技术和能力上存在差距，传统硬性的人才管理方式已经制约着企业人才作用的有效发挥。

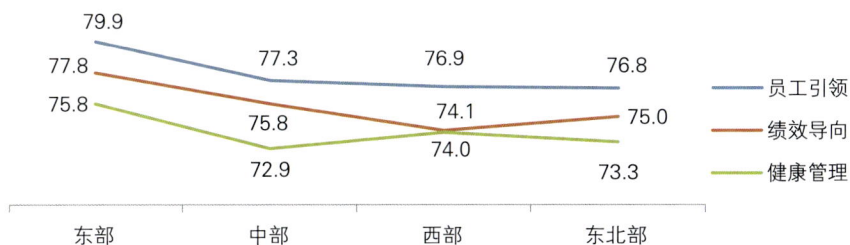

图5.13　领导力得分区域比较

相关案例　厦航如何打造"双引擎四系统立体交互"质量管理模式

2016年，厦门航空(以下简称厦航)凭借"双引擎四系统立体交互"航空质量管理模式获得第二届中国质量奖，成为中国服务业首家获此殊荣的企业，同时也是中国民航唯一获奖的航空公司。

可以用一架飞机来形容"双引擎四系统立体交互"航空质量管理模式。双引擎是指"文化引擎"和"机制引擎"，象征着飞机的两个发动机，为厦航持续发展提供原动力；"安全、运行、服务、效益"四大系统分别象征着飞机的机头、机尾以及两翼，它们彼此关联、相互作用，通过"双引擎"的持续驱动，确保了厦航的卓越质量经营之路。

发现问题—限期整改—逐条监察的闭环管控

针对行业不安全事件暴露出的问题，厦航从安全管理、飞行人员资质管理、飞行运行管理方面分别制订了短期和中长期风险控制方案，细化控制措施。在安全整顿期间，仅厦航飞行部就细化出29项整顿措施，并全部列入督办体系监控，由飞行领导亲自督查各大队，对照整顿计划逐项逐条落实监察工作，形成发现问题—限期整改—逐条监察的闭环管控。

培育打造安全文化

在基层落实安全举措的同时，厦航丝毫没有放松在基层培育和打造良好的安全文化。2016年以来，厦航推出"金牌工匠"评选，全方位挖掘基层专业岗位员工以精雕细琢、精益求精的工作态度钻研技术、敬畏安全的做法。评选出的12名"金牌工匠"，既有精雕细琢每一个航班、时时刻刻按章运行的特级功勋飞行师，也有心怀敬畏之心、付出专注之力的机务工程师，还有在预报服务上深耕细作、在精准预报中运筹帷幄的气象预报员……在"金牌工匠"的带动下，基层员工进一步提升对安全的敬畏之心和对手册规章的遵守意识，进而培育厦航基层厚实的安全文化底蕴。

2016年5月16日，厦航召开"打造合格安全监察队伍"专题会议。厦航安监队伍在"唱黑脸""当恶人""动真格"的路上加速开跑。创新的安全监察模式的具体举措包括：在监察工作开展前，加强安全监察队伍培训，加强监察人员的专业化分工，以专业对口为原则，建立"一人主导，全员协作"的安全监察工作机制；坚持以问题为导向，建立激励制度，在检查中对发现有价值的问题的监察员予以绩效奖励；在运行中对发现有价值的问题并积极整改的单位，在考核上予以加分奖励。

树立安全作风，严守安全纪律

安全工作最终需要良好的作风支撑。在厦航，抓作风纪律就像抓飞行技能一样，抓思想教育就像抓安全教育一样。在作风建设中，厦航机务新员入职的第一课，就是由总工程师讲授作风建设；乘务新员进入厦航的第一天，公司就带领新员开展"厦航第一日"主题学习。这些教育都是着重宣传贯彻"安全是最好的服务"的思想，帮助新员树立良好的作风。为了培养飞行员的良好作风，厦航每月还随机抽取CVR（驾驶舱舱音）数据，督促飞行员养成标准喊话的职业习惯，养成良好的飞行作风。

安全只有起点，没有终点。在立足基层、打好基础、练好基本功的安全工作中，厦航将持续构建飞行训练质量监控体系，强化飞行技术和检查职能，调整飞行品质监控职能，完善飞行资质管理系统，改进飞行机组排班标准，建立疲劳防控管理预警机制，进一步处理好安全与发展、安全与效益、安全与服务、安全与运行的关系，确保厦航的持续安全发展。对于航空公司来说，在同质化的服务模式中形成自己的特色，关键在于规范化、精细化和人文化的管理，保证"精、尊、细、美"的服务理念落在实处，让创新之花真正落地生根。

（资料来源：1.中国经济网http://www.ce.cn/cysc/zljd/qwfb/201611/07/t20161107_17583180.shtml；2.中国民航网http://www.caacnews.com.cn/newsshow.aspx?idnews=285525）

●●●1. 绩效导向：重点是愿景引领

一般而言，绩效导向的核心是结果导向和效率导向，但是调查发现，企业绩效导向做得最好的恰恰是推行企业愿景（见图5.14）。尽管企业健康最终表现在企业的经营成果和效率上，但是企业愿景是企业更具长远价值的未来绩效。企业愿景既是企业长期的追求和梦想，也是企业人才集聚的动能。企业家关注企业未来，推行企业愿景，正是新时代领导力的重要内涵之一。

但是这种新颖的领导力在西部和东北部地区显得相对较弱（见图5.15）。区域之间的绩效导向差异反映了传统工业运行的低效率和低质量，以及其对未来转型的困惑。我们有一个"中国梦"，企业首先必须要有一个"企业梦"。

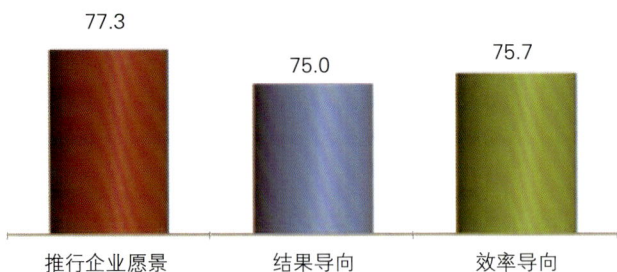

图5.14　绩效导向得分

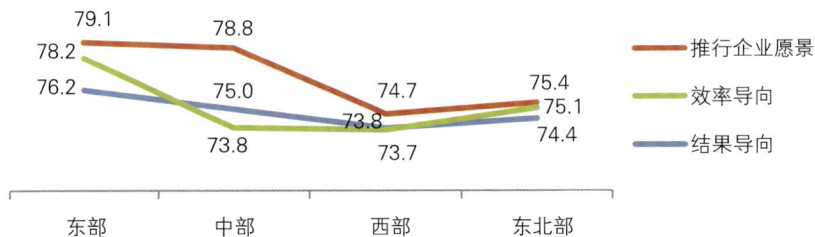

图5.15　绩效导向得分区域比较

●●●2.员工引领：建设学习型组织

从调查结果可以发现，中国企业家总体上十分重视队伍建设、组织学习和价值观引领（见图5.16、图5.17）。健康的企业首先需要健康的人才队伍。企业家关注队伍建设、注重引领正面价值观、注重知识学习，是现代企业家领导魅力的集中体现。相对而言，中西部、东北部的转型之难，正反映了学习的重要性和紧迫性。

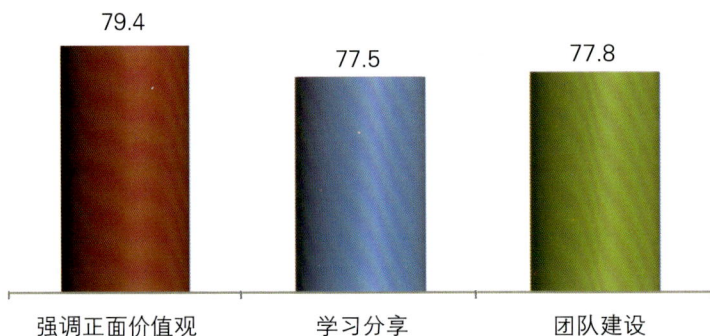

图5.16　员工引领得分

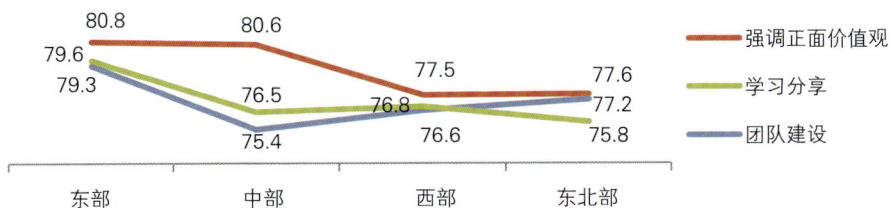

图5.17　员工引领得分区域比较

●●●3. 健康管理：新型劳资关系的基本要求

健康管理反映了企业家和企业对人才的爱护和关怀。关心员工健康、落实以人为本的新型人力资源管理理念，既是新时代劳资关系的基本要求，也是发挥人才作用的重要措施。企业家不仅要有良好的健康理念，还须做健康表率，要关爱员工、家人和合作伙伴（见图5.18、图5.19）。

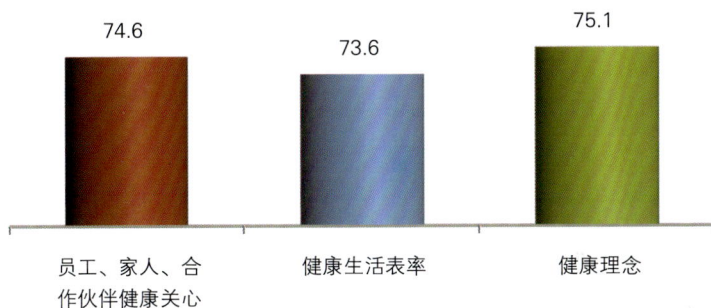

图5.18　健康管理得分

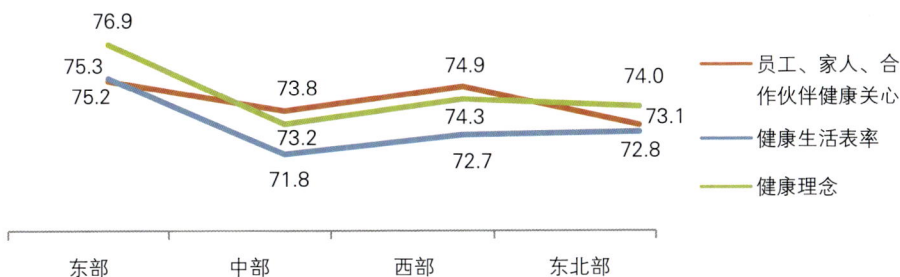

图5.19　健康管理得分区域比较

第六章

企业行为健康分析

　　企业行为健康是"中国企业健康指数"的第二个维度，由竞争力、合规力和责任力三个健康力构成。本次研究显示，企业行为的总体得分为79分，是健康三维度得分最高的维度。如图6.1所示，四个区域的合规力具有较高得分，其次是责任力，而竞争力得分普遍较低，特别是东北部地区。

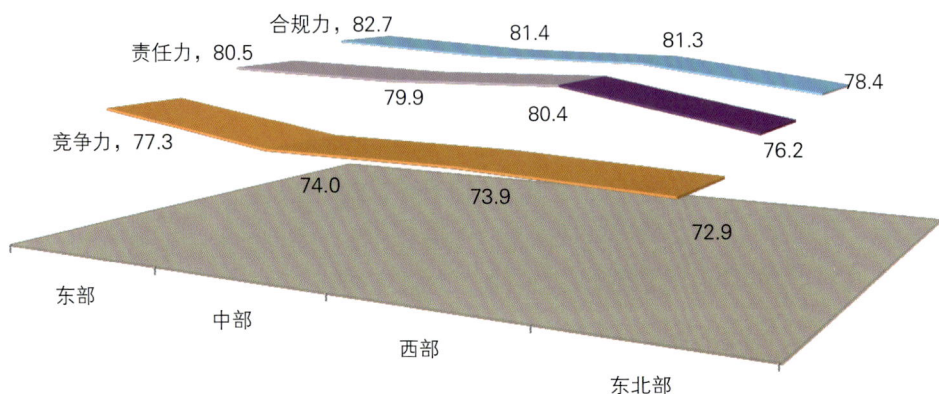

合规力，82.7　　81.4　　81.3　　78.4

责任力，80.5　　79.9　　80.4　　76.2

竞争力，77.3　　74.0　　73.9　　72.9

东部　　中部　　西部　　东北部

图6.1　企业行为得分区域比较

　　总体而言，中国企业在合规力和责任力上有较好的表现，但是企业竞争力显得较弱。后文将对企业行为健康的细节进行深入分析。

第一节　竞争力分析

　　组织竞争力是指构成组织竞争优势的任何组织能力的统称[6]。竞争力根据来源的不同分为四类：来自组织管理的竞争力、来自资源要素投入的竞争力、来自资源转换能力的竞争力、来自组织成果的竞争力。"中国企业健康指数"研究选择了六个指标来评价企业竞争力，包括市场地位、产品与服务、资本回报率、成本控制、人才开发和核心技术优势。

●●●1. 中国企业普遍缺乏创造核心技术优势的人才开发能力

从图6.2呈现的竞争力各指标的得分来看，资本回报率、成本控制、核心技术优势和人才开发的竞争力显著偏低，而市场地位和产品与服务的竞争力比较高。

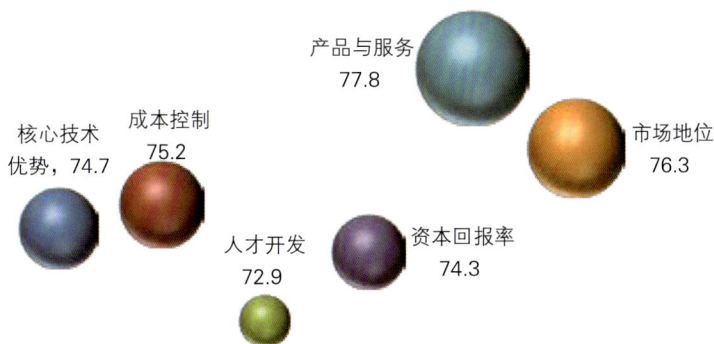

产品与服务
77.8

核心技术
优势，74.7

成本控制
75.2

市场地位
76.3

人才开发
72.9

资本回报率
74.3

图6.2　竞争力得分

产品、技术、服务与资本是传统意义上的企业竞争力，当前中国经济发展已经到了需要向人才要红利的阶段，人才资源是社会经济发展的第一资源，人力资源开发能力是企业核心技术优势的根本，是制约企业技术创新、服务创新和模式创新的最大要素。中国经济和企业需要充分发挥人才作用，通过人才资源开发和管理全面提升创新能力和竞争能力。

●●●2. 区域竞争能力比较优势差异显著

从图6.3可以看出，东部的相对优势比较多，特别是人才优势和技术优势遥遥领先,而东北部地区的相对劣势比较多。

四大经济区域巨大的竞争力差距，究其原因可能与区域经济的产业布局结构、资源优势、环境条件、发展历史等有关。以老工业为基础的东北地区，以及率先改革开放起步发展的东部地区，虽然都遇到了以"三期叠加"为特征的经济新常态，但是东部地区累积的人才、技术和资本力量，在转型升级的新经济形势下应该更能发挥作用，显然，振兴东北将是一项长期的攻坚战。

中国经济从沿海向内地梯度发展，这必然对人才跨区域流动产生影响。东部地区的人口红利已经荡然无存，企业需要着力于人才红利的挖掘，以人才带动创新与转型。

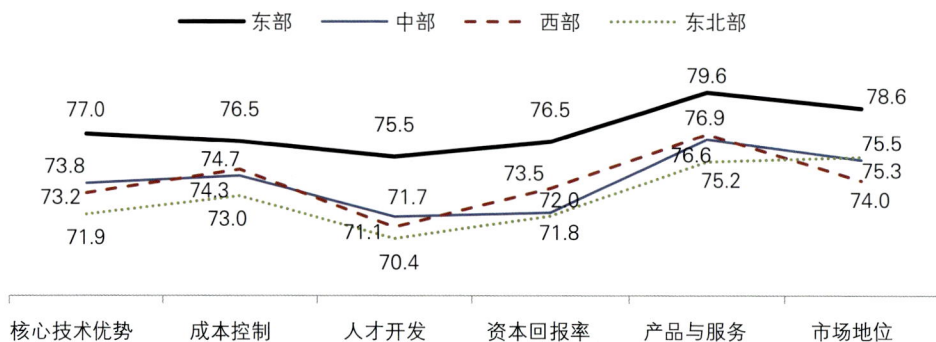

图6.3　竞争力得分区域比较

相关案例　美的集团的全球竞争力

在新常态经济环境之下，对于家电业而言，整体市场的萧条加剧了行业竞争，同时也不断推动着行业转型。面对市场的动荡与巨大压力，美的集团凭借变革的勇气与拥有共同价值观、共同理念和做事方法的团队，坚定执行"产品领先、效率驱动、全球运营"的策略，持续深化转型。这一年，美的产品的生产与经营的效率迅速提升，经营质量全面改善，海外布局进一步优化，自有品牌有效增长，公司治理再上台阶；同时，公司启用"全球创新中心"，构建具有全球竞争力的研发布局和多层级研发体系，深入推行"智慧家居+智能制造"双智战略，积极布局新业务成长空间，成为行业"寒意"之下的一抹亮色。

全球经营

美的集团已经转型为消费电器、暖通空调、机器人及工业自动化系统的全球化科技企业。近几年，美的"全球经营"的步子越走越快。截至目前，日本东芝家电业务、意大利Clivet、日本安川机器人等知名企业均已成为美的海外布局中的重要板块。

美的集团董事长方洪波表示，现在美的转型进入深水区，需要在"产品领先、效率驱动、全球经营"三条战线同时作战。这"三大主轴"也是美的面向未来的竞争优势，是超越"大规模、低成本"的竞争力。如今，美的在人才储备、创新能力、集团财力、市场基础方面都已做好准备。未来，美的将进一步整合海外业务平台，加强对外合作，推动自有品牌及海外业务的稳定增长。

人才优先战略

美的一直坚持"以人为本，人才是美的第一资源"的管理理念，奉行"人力资本增值大于其他资本增值"的人才战略。"宁可放弃100万元利润的生意，也不放弃一个对企业发展有用的人才"是美的人力资源管理的核心指导思想。

美的致力于成为员工的"最佳雇主"，搭建开放的用人机制，打造企业吸引和保留人才的竞争优势。在人才招聘与使用方面，打破"地缘、血缘、亲缘"，广纳人才，按照"能者上、庸者下"的原则，通过公开竞聘、贯彻以目标责任制为核心的绩效考核评价体系，营造"公开、公正、公平"的用人环境，让优秀人才脱颖而出，让各类人才各尽所能。

着力于科技创新

美的着力于构建具有全球竞争力的全球研发布局和多层级研发体系，具备以用户体验及产品功能为本位的世界一流研发技术投入及实力。过去三年，公司参与了5项国际标准、112项国家标准/行业标准的制订。在研发核心技术的同时，美的注重研发成果的转化。以用户需求为核心，率先研发推出的"一晚低至一度电"高效制冷/制热及儿童空调等系列空调产品、"智能精准投放"洗干一体机、"蒸立方"系列微波炉、IH智能煲、高温蒸汽洗油烟机、活水热水器、智能净水器等一系列创新产品，受到了市场的高度认可。

（资料来源：新华网http://news.xinhuanet.com/tech/2016-11/03/c_111984 4842.htm）

第二节　合规力分析

企业伦理是有关企业的商业行为"要如何"和"应如何"的规范和原则。企业伦理规范由两个因素决定：道德理性和社会契约[7]。企业遵从的伦理规则受企业自身认知的限制，企业认为合理的行为可能在他人看来无法接受，而且企业会在与外界的互动过程中不断修正自己的伦理规则。企业伦理可分为三个类别：法律、法规和规章；商业合同和协议；商业道德规范。

从图6.4所示的合规力三个指标得分来看，企业在遵守法律法规和契约精神上的得分远高于遵守商业伦理的得分。企业在强制遵守的法律和契约方面表现较好，但在需要自觉遵守的道德约束方面表现较差。

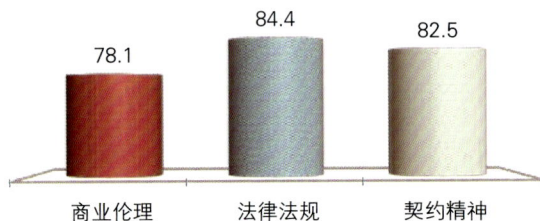

图6.4　合规力得分

尽管三个指标得分在区域上存在显著差异，但是四大区域基本上都保持在75分以上，东部地区的合规力表现最佳（见图6.5）。这表明中国企业在市场竞争中逐渐成熟，公开、公平、公正的"三公"市场正在形成。

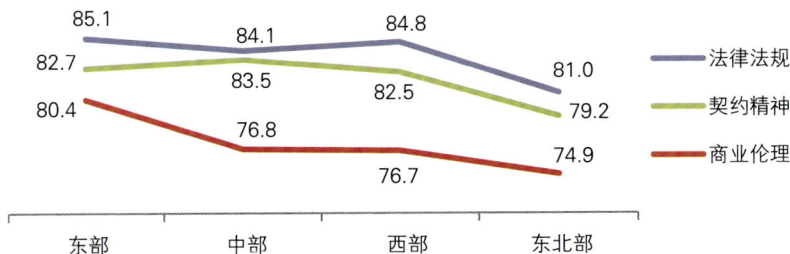

图6.5　合规力得分区域比较

相关案例　青岛啤酒用心酿造"诚信资本"

2017年，十二届全国人大代表、青岛啤酒公司董事长孙明波提交了《关于系统联动、多措并举，传承创新中华老字号的建议》。他认为："无论市场环境如何变化，质量是品牌最根本的基础。在这方面，发展至今并且发展势头良好的老字号品牌一直秉承诚信为本、质量第一的经营理念，它们是践行者也是引领者。老字号一方面要传承品质文化；另一方面要与时代结合，在传承中创新，通过高品质、特色化打造国货精品，加快品牌建设和走出去的步伐，力拓中国品牌的全球影响力。"

青岛啤酒（平原）有限公司是青岛啤酒全资子公司，至今已有30多年啤酒生产历史，传承青岛啤酒百年酿造工艺，秉承青岛啤酒"好人酿好酒"的酿酒理念，遵循"食品安全＞质量＞产量＞成本"的工厂经营活动准则，保证生产出的每一瓶啤酒都是安全的、健康的、合格的。

好人酿好酒

"好人酿好酒"是青岛啤酒百年来对消费者始终不变的承诺，为了这份承诺，青岛啤酒人诚实守信、精益求精、用良心做酒。在青岛啤酒的企业文化里，酿酒师的尊严蕴藏在每一瓶啤酒里，他们像雕琢打造工艺品一样做好每一瓶酒，如此赋予啤酒以生命和灵魂。

青岛啤酒始终视"质量为企业的生命"，诚信为本，勤勉尽责，严把"从种子开始的质量管理关"，从研发、原料采购、产品生产、物流、销售服务等价值链上下游进行全方位360°质量管理，关注从田间到舌尖的每一个细节，构成一个完整的安全链条，让消费者喝得放心、喝得安心。

坚持安全健康、绿色环保

青岛啤酒采用无害原料生产，生产全过程关注食品安全，安全的啤酒让消费者放心；制造过程全方位关注员工健康，安全的工作环境让员工满意；全程关注生产对环境的影响，绿色生产的理念让环境健康；全程关注信息系统安全，为用户提供安全、可靠的信息服务。

青岛啤酒的生产过程倡导绿色生产，从原料提供和水源使用开始就关注环境保护和生态平衡，全程严格控制原料和水源的绿色品质，绿色纯净是永恒的追求；青岛啤酒的制造过程更加注重污染预防、节能减排，环保低碳是永恒的主题。

用心酿造"诚信资本"

青岛啤酒始终相信诚信是企业的生存之本，也是一个企业保持基业长青最根本、最本质的东西。在快速发酵方法广泛采用的今天，只有青岛啤酒仍然坚持实行"超长低温发酵工艺"。而这份为极致而精细、以雕琢求完美的"慢的坚持"，是"急速"互联网时代下的"匠人精神"。

114年来，青岛啤酒将诚信纳入企业文化内核，以诚信打造企业品牌，使其成为企业的核心竞争力。注重消费者体验，纳新求变，从技术研发到产品创新，从营销模式到管理创新，从企业文化到组织模式创新，跑赢消费者的期待，用心酿造的诚信资本也赢得了消费者的认可。

（资料来源：1.大众网http://sd.dzwww.com/sdxwjxs/dz_132273/201702/t20170207_15512868.htm；2.新浪财经http://finance.sina.com.cn/roll/2017-03-10/doc-ifychhuq3799520.shtml?cre=financepagepc&mod=f&loc=4&r=9&doct=0&rfunc=42；3.人民网http://sd.people.com.cn/n/2015/1126/c373971-27187803.html）

1. 商业伦理：更加尊重知识产权

如图6.6、图6.7所示，企业在公平竞争、反对商业贿赂、尊重知识产权三个指标上的得分尽管较高，但是差异还是很明显。企业日益重视尊重知识产权，反对不公平竞争和商业贿赂。这显示了社会各界殷切期望有一个具有良好伦理氛围的商业环境。

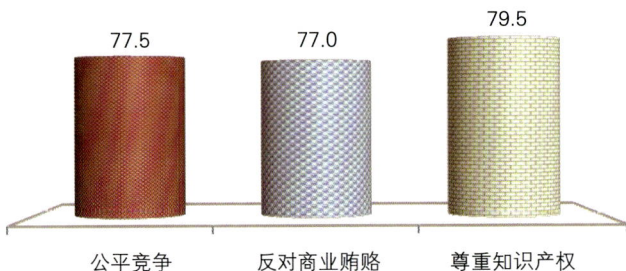

图6.6　商业伦理得分

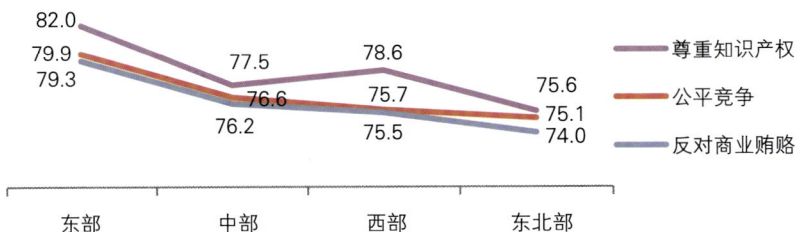

图6.7　商业伦理得分区域比较

2.法律法规：依法经营蔚然成风

如图6.8、图6.9所示，中国企业在遵循法律法规方面总体上已经到了一个良好的阶段，综合得分较高。

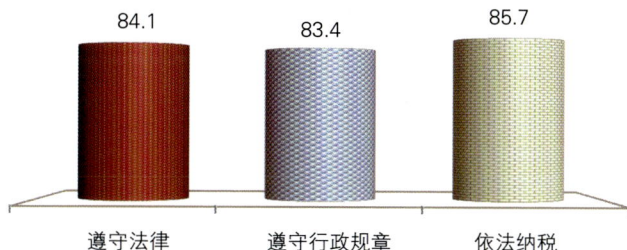

图6.8　法律法规得分

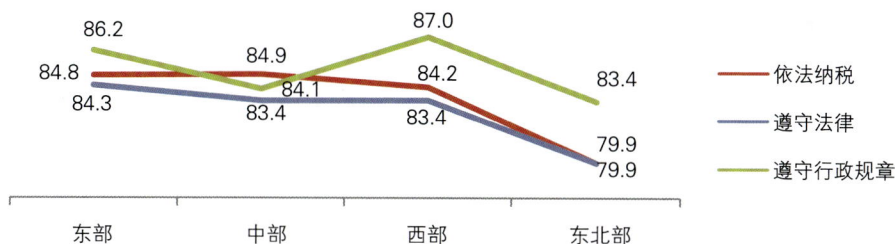

图6.9　法律法规得分区域比较

3.契约精神：诚信行为广为践行

如图6.10、图6.11所示，企业在契约精神三个指标上的综合得分均高于80分，其中劳资协议的得分最低。由此可知，企业已经具备良好的契约精神，但劳资关系质量有待改善。

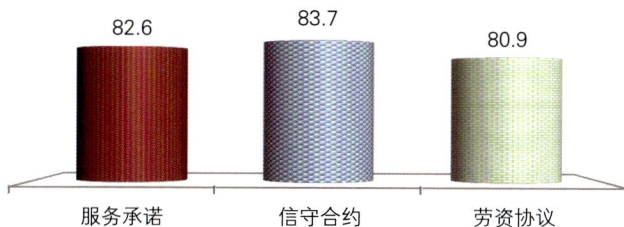

图6.10　契约精神得分

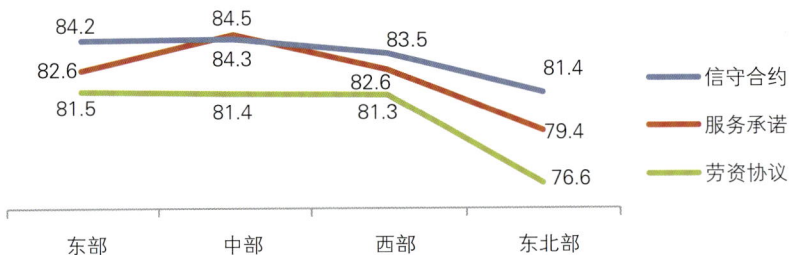

84.2   84.5   83.5   81.4   信守合约
82.6   84.3   82.6   79.4   服务承诺
81.5   81.4   81.3   76.6   劳资协议

东部   中部   西部   东北部

图6.11　契约精神得分区域比较

第三节　责任力分析

企业社会绩效是指企业承担社会责任时的行为结果[8]，包括企业作为社会成员而应承担的社会义务和企业面对社会责任时做出的行为反应。

企业责任力分析表明，企业的经济责任和道德责任显著高于社会责任（见图6.12），东北部地区的企业责任总体偏低（见图6.13）。总体上，企业责任力表现良好，但仍需自觉承担更多的责任，尤其是社会责任。

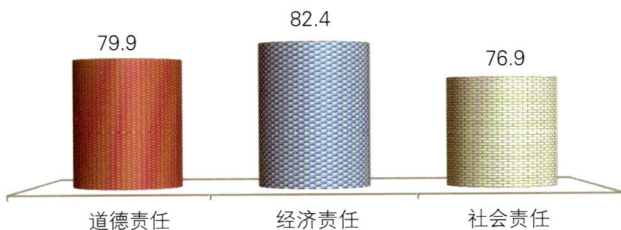

79.9   82.4   76.9

道德责任   经济责任   社会责任

图6.12　责任力得分

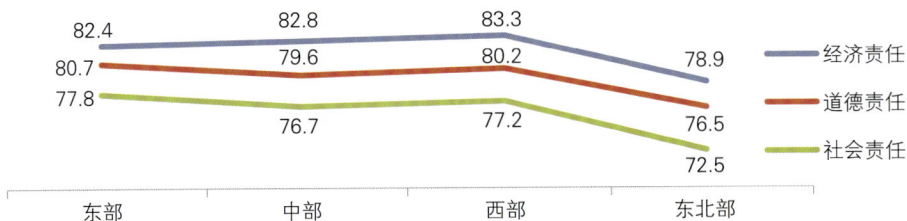

82.4   82.8   83.3   78.9   经济责任
80.7   79.6   80.2   76.5   道德责任
77.8   76.7   77.2   72.5   社会责任

东部   中部   西部   东北部

图6.13　责任力得分区域比较

相关案例　伊利"以品为上"斩获年度最佳责任贡献奖

2016年12月19日，《南方周末》年度盛典在北京隆重举行。该盛典致力于搭建一个分享创新的思想交流平台，传播创新理念，表彰优秀案例。伊利凭借良好的品牌口碑和突出的社会责任贡献，斩获年度最佳责任贡献奖。

伊利始终认为，企业的第一社会责任应该是成为"品质企业"，即打造高品质的品牌、高品质的产品和高素质的人才。为此，伊利将生产世界一流产品、确保食品安全"零事件"等纳入企业发展目标，多年来围绕产品品质建设开展了一系列工作。一方面，根据全球健康食品产业新趋势，伊利持续升级全球质量管理体系，不仅与SGS（瑞士通用公证行）、LRQA（英国劳氏质量认证有限公司）和 Intertek（英国天祥集团）达成战略合作，进一步提升食品质量安全风险控制的能力，同时在业内还率先建立了完善的产品追溯程序，并积极建立智能工厂，通过信息化系统敏锐地捕捉生产制造环节的食品安全风险，有效确保了"舌尖上的安全"。

如今，伊利已成为我国第一家全线产品通过FSSC22000全球食品安全体系认证的乳品企业，获得了进入欧洲以及全球市场的通行证。据凯度消费者指数发布的《2016全球品牌足迹报告》，88.5%的城市家庭购买伊利品牌7.8次，相当于消费者购买伊利品牌超过11亿人次，位列国内快消品牌第一。正因伊利聚焦品质建设，才会收获消费者广泛的认可，从而实现品牌红利。

伊利有个"扁担原理"，所谓扁担，即一头是利润，一头是社会责任。董事长潘刚认为，只有二者平衡，企业才能步履轻松，走得长远。因此，积极参与社会公益、反哺社会、全面履行社会责任已成为伊利的重要战略内容之一。作为行业第一个社会责任战略体系，伊利的"健康中国责任体系"，包括"为世界提供最优品质的产品和服务""引领全球行业发展""倡导人类健康生活方式""善尽社会责任"，而其中的"善尽社会责任"即反哺社会，其下又设计了青少年教育、环境保护、就业帮扶、营养扶贫等既从企业优势出发又贴合社会需求的多维度内容。

据统计，迄今为止伊利在公益事业上已累计投入8亿元。除了关于儿童安全的公益项目"伊利方舟"外，伊利还发起了"爱在身边"爱心支教、学生饮用奶计划、伊利爱心图书室、伊利"光明行"爱心行动等诸多公益项目，用实际行动践行了企业公民应尽的责任和义务。

（资料来源：中国网http://jiangsu.china.com.cn/html/2017/kuaixun_0220/9410255.html）

●●●1. 道德责任：企业需要保护员工权益

如图6.14所示，企业普遍保护、尊重用户和股东利益，但是对员工权益的保护和尊重的得分显著偏低。

企业道德责任得分区域差异明显（见图6.15）。用户至上得分东部、西部地区较高；股东利益得分东北部地区最低；员工权益得分东部地区较高。

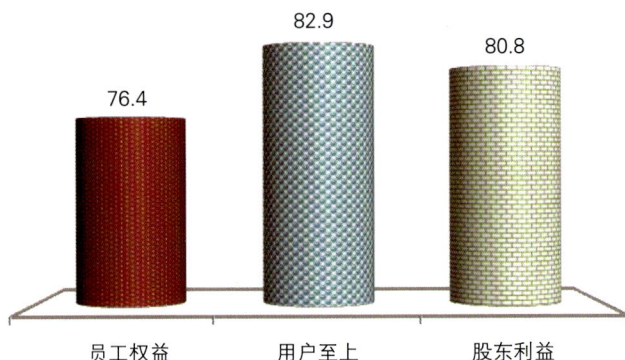

图6.14　道德责任得分

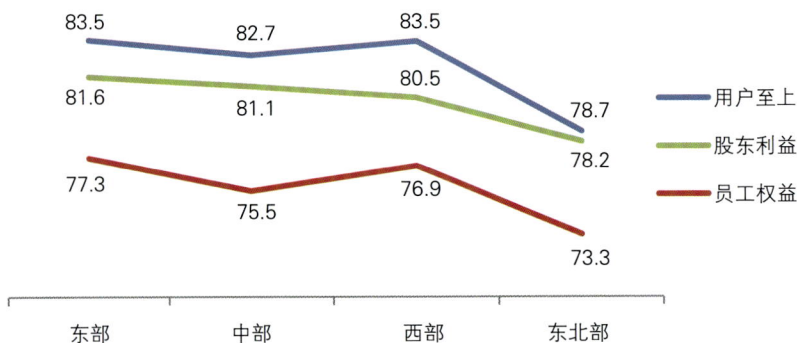

图6.15　道德责任得分区域比较

●●●2. 经济责任：整体较好，环保责任略显不足

如图6.16所示，经济责任的诚信服务、产品质量可靠和产品环保得分均高于80分，但产品环保得分相较于前两者稍低。这说明企业的经济责任总体表现较好，但是需要提升产品的环保水平。

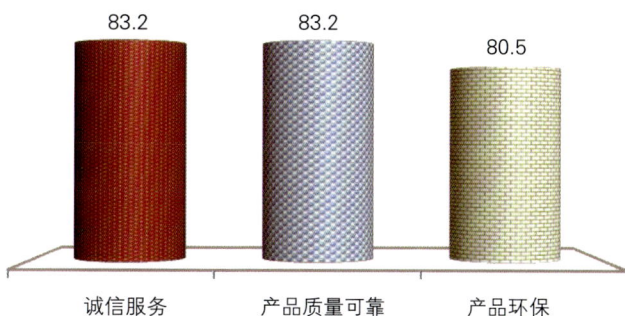

图6.16　经济责任得分

如图6.17所示的区域比较显示，东部、中部、西部地区在诚信服务、产品质量可靠和产品环保上的得分差异不大，东北部地区得分明显偏低。

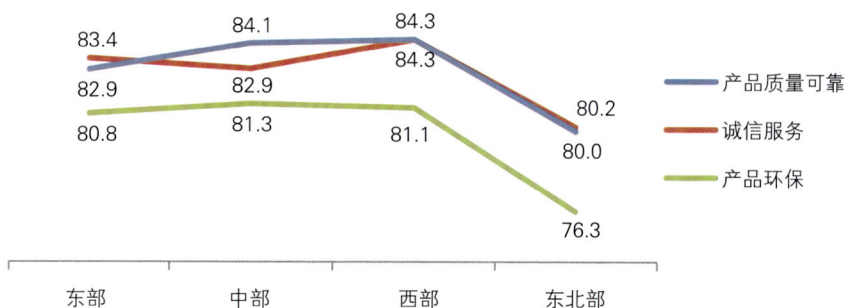

图6.17　经济责任得分区域比较

●●●3. 社会责任：整体表现一般

如图6.18所示，企业社会责任指标的综合得分差异显著，但是得分都没有超过80分。这表明当前中国企业的社会责任表现一般。企业社会责任的这种表现特点在全国范围内都比较相似（见图6.19）。

　　企业环境是"中国企业健康指数"的第三个维度，本研究中企业环境健康的总体得分为72分，处于中等水平。企业环境健康总体得分的区域差异不显著，东部72分、中部71分、西部71分、东北部70分。

　　企业环境健康由市场力、服务力和包容力三个健康力构成。如图7.1所示，企业环境健康的三个指标在各个区域得分差异显著，市场力得分偏低，服务力得分最高。

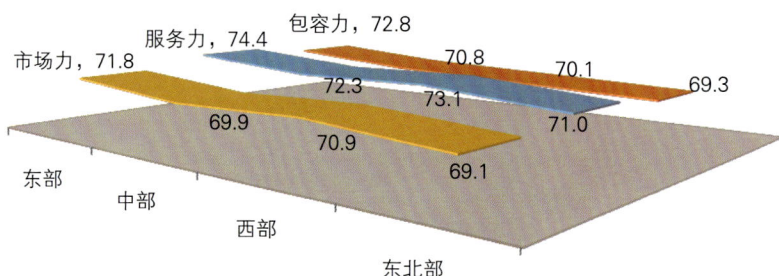

图7.1　企业环境得分区域比较

　　本研究也对企业环境健康进行了抽象评价，要求调查对象对企业环境的复杂程度、变化程度和友善程度进行总体评价，结果如图7.2所示。环境的复杂程度得分最低，变化程度和友善程度得分接近，它们在区域上没有显著差异。

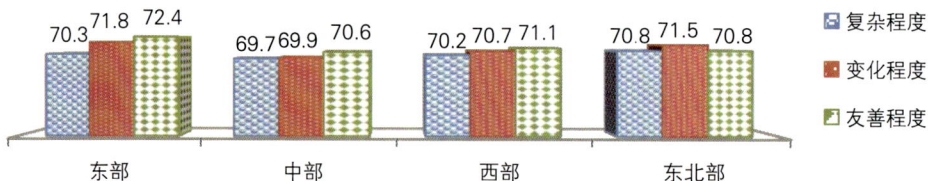

图7.2　企业环境健康抽象评价

第一节 市场力分析

市场力是指企业所处的市场环境，本次"中国企业健康指数"研究从三个方面对市场力进行评价，即竞争公平、制度约束和市场职能。

图7.3所示是企业环境健康的市场力综合得分。可以看出，市场职能得分略高，但三个指标的得分都不高。

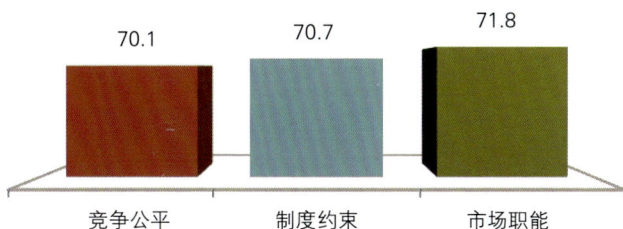

图7.3 市场力得分

从市场力得分区域比较可以看出（见图7.4），东部的市场职能得分较高，西部的制度约束得分较高，东北部的竞争公平得分最低。制度约束和竞争公平得分在东部和东北部地区相对较低。

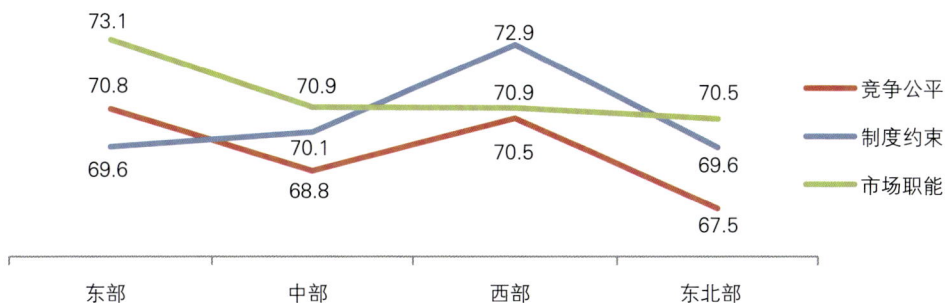

图7.4 市场力得分区域比较

相关案例　试点投贷联动破解小企业融资困难

科技企业、文创企业的蓬勃发展，为国内经济带来一抹亮丽的色彩，但在一片欣欣向荣的背后，资金始终困扰着企业。2016年4月，银监会、科技部、央行联合印发了《关于支持银行业金融机构加大创新力度开展科创企业投贷联动试点的指导意见》，投贷联动模式的起航，为科技等类型企业的未来打开了一扇新窗。投贷联动是商业银行以债权形式为企业提供融资支持，形成股权投资和银行信贷之间的联动融资模式。

吸引银行布局高新区

作为我国首批投贷联动试点地区之一，天津国家自主创新示范区目前已与天津银行、国家开发银行、北京银行天津分行等多家银行签署了投贷联动合作协议。而投贷联动业务的开展，也让科创企业走上发展的高速路。

北京银行作为首批投贷联动业务试点银行之一，已推出了"投贷通"产品方案，涵盖认股权贷款、股权直投以及投资子公司三大模式，用以推进投贷联动业务落地。天津银行则在高新区投资5亿元成立天银科技投资公司，建立专营信贷机构，创新运营和评价机制，大力开展投贷联动业务。此外，国家开发银行也与之签署了《天津高新区管委会、国开金融、国开行天津分行投贷联动合作协议》，并与自创区核心区内的多家企业签署了《投贷联动意向合作协议》。

"六政"破解中小企业融资难

2016年，高新区颁布《天津国家自主创新示范区支持投贷联动试点的六条政策（试行）》，拿出2亿元资金，针对银行推进投贷联动业务的难点和痛点，从信息平台、鼓励落户、投资奖励、风险分担、信贷奖励、企业贴息6个方面给予政策及资金支持，切实降低科创企业融资门槛，破解中小企业融资难、融资贵问题。

同时，高新区管委会还出资设立"投贷联动风险缓释资金池"，当投贷联动业务出现贷款逾期时，试点银行将从"投贷联动风险缓释资金池"获得50%的逾期贷款本金代偿；并鼓励试点银行业金融机构在提高贷款风险的容忍度等信贷机制体制上突破创新。

（资料来源：1.津滨网http://bhsb.tjbhnews.com/html/2017-03/20/content_3_1.htm.；2.和讯网http://news.hexun.com/2017-03-13/188459130.html）

1. 竞争公平：需要全面加强，特别是融资问题

从图7.5、图7.6可以看出，竞争公平的总体健康水平不高（低于72分），对企业融资的评价最低。东部地区这种现象更为明显，融资健康得分明显低于其余地区。这些问题从宏观上反映了各个地区产业分布的特殊性，也显示了企业转型的资源瓶颈。

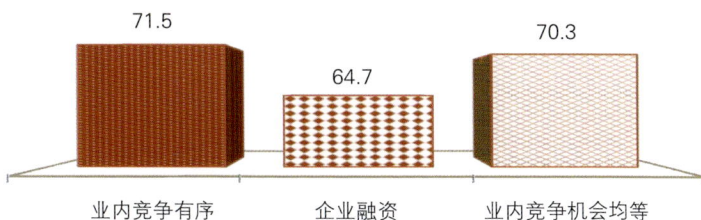

图7.5　竞争公平得分

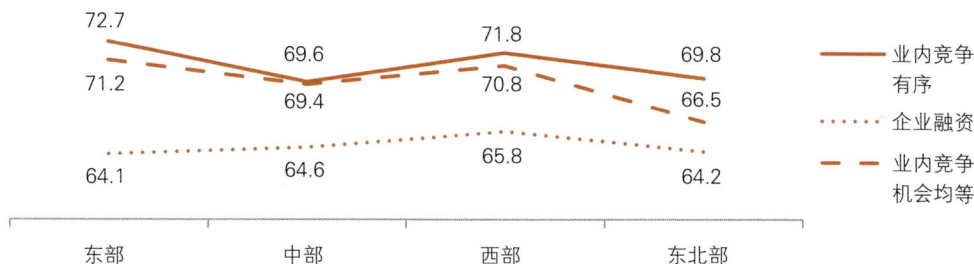

图7.6　竞争公平得分区域比较

2. 制度约束：要重点突破行业制度壁垒

从图7.7、图 7.8可以看出，制度约束的三个维度分数都非常低，行政审批繁杂、企业税收负担得分相对较好，行业进入壁垒有待突破。

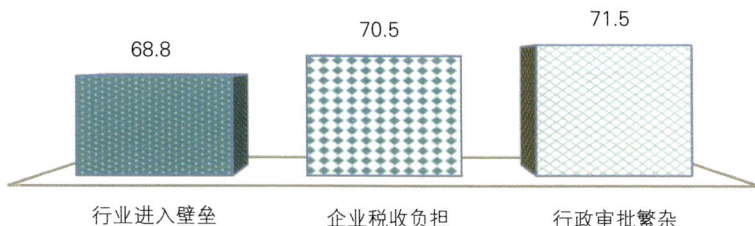

图7.7　制度约束得分

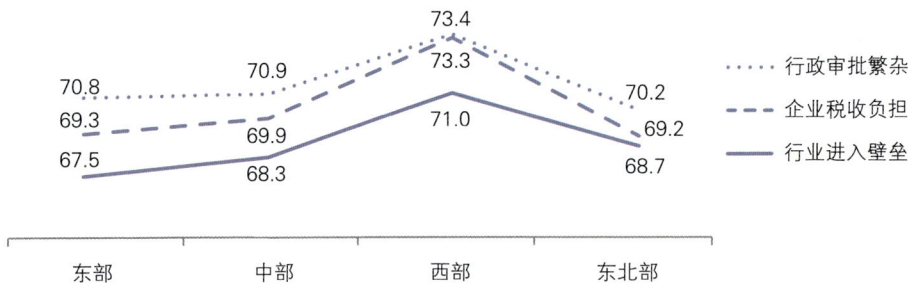

图7.8　制度约束得分区域比较

●●●● 3. 市场职能：对市场监管最为关切

如图7.9、图7.10所示，企业对政府的社会管理、环境保护、宏观调控、公共服务和市场监管都较为满意，特别是东部地区的企业最为满意。

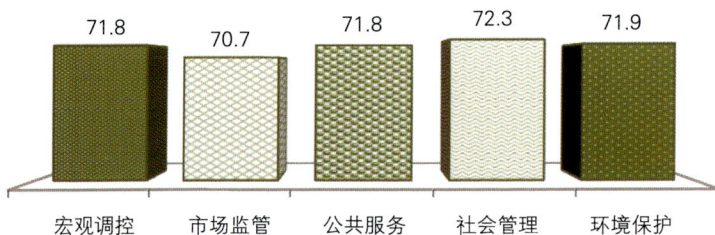

图7.9　市场职能得分

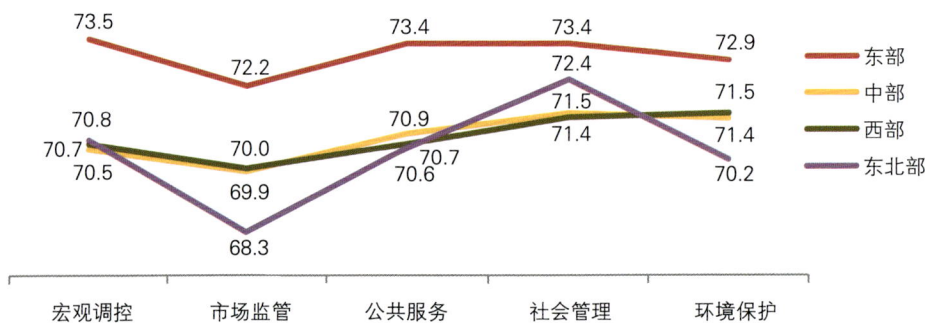

图7.10　市场职能得分区域比较

第二节　服务力分析

服务力指的是企业政策环境，包括政策制定、政府服务和平等待遇三个方面。如图7.11所示，政府服务和平等待遇的得分比较接近，政策制定得分最低。服务力得分存在区域差异，东部地区的服务力得分较高，东北部地区的服务力得分相对较低（见图7.12）。

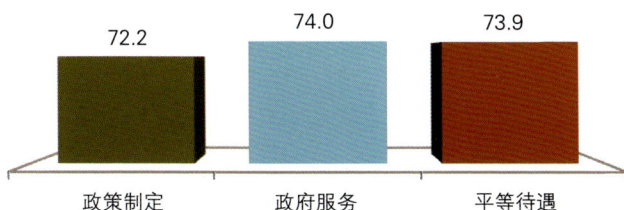

72.2　政策制定　74.0　政府服务　73.9　平等待遇

图7.11　服务力得分

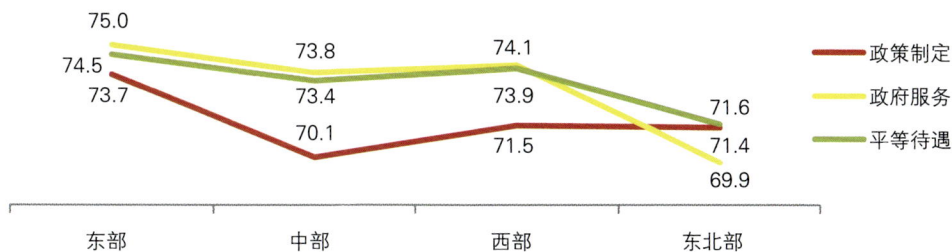

图7.12　服务力得分区域比较

相关案例　浙江省力推"最多跑一次"

跑断腿、磨破嘴，打不完的电话，盖不尽的公章……很久以前，"一直在路上"曾是群众和企业办事的真实写照。把简单的事情弄复杂是找事，把复杂的事情弄简单是本事。2017年，浙江省政府工作报告将"加快推进'最多跑一次'改革"列为深化政府自身改革的第一项重点改革任务。

进服务中心一个门，找综合窗口一个窗

来回跑、多头跑、重复跑，部门多、流程繁、周期长、费用高……如何从"一直在路上"向"最多跑一次"转变？通过推进行政服务中心"一个窗口受理"改革，建立并联审批、模拟审批、容缺预审、全程代办等机制，推进线上线下融合发展，可以很好地解决这些问题。

按照浙江省政府决策部署，2017年3月底前，全省各市县行政服务中心要完成"一个窗口受理"改革。

优化浙江政务服务网，实现网上网下融合

浙江省"四张清单一张网""放管服"和"互联网+政务服务"等政府自身改革一直走在全国前列，部分事项通过"在线咨询"、"网上申请"、"快递送达"等方式，已经实现"跑一次"或"零上门"，取得了较好成效。

省政府副秘书长陈广胜表示，非常珍惜"最多跑一次"改革这个契机，要利用这个时间窗口，倒逼自己，在省委、省政府的领导下，充分依托浙江政务服务网，更好地用数据跑腿来代替人跑腿，让人民群众办事更方便、更省心。

浙江省将进一步优化浙江政务服务网，实现线上线下融合：以浙江政务服务网及移动客户端（APP）为平台，运用"互联网+"和"大数据"，推动实体办事大厅与浙江政务服务网融合发展；推进各领域信息的共享和利用，打通部门信息孤岛，让数据"多跑路"，换取群众和企业少跑腿甚至不跑腿。

最多跑一次

群众和企业到政府办事最多跑一次，这项工作旨在倒逼政府部门简政放权、放管结合、优化服务，促进体制机制创新，增强经济社会活力。

在浙江省政府官网发布的《2017年政府工作报告重点工作责任分解通知》中，"最多跑一次"改革排在115项重点工作之首。对这件"头等大事"，浙江将全面推进简政放权，继续精减行政事业收费，倒逼各级各部门减权、放权、治权，形成覆盖行政许可、行政服务等领域的"一次办结"机制；全面推行"互联网+政务服务"，逐步形成各项便民服务"在线咨询、网上办理、证照快递送达"的"零上门"机制。

（资料来源：新华网http://news.xinhuanet.com/local/2017-03/02/c_112058921.htm）

●●●1. 政策制定：有待加强

政策制定是指政府政策的科学性、透明性、延续性。从图7.13可以看出，政府政策的三个指标得分比较接近，且分数较低。政策制定得分存在区域差异（见图7.14），东部地区的政策制定得分较高，中部地区较低。

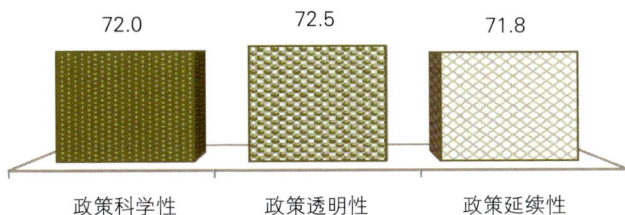

图7.13　政策制定得分

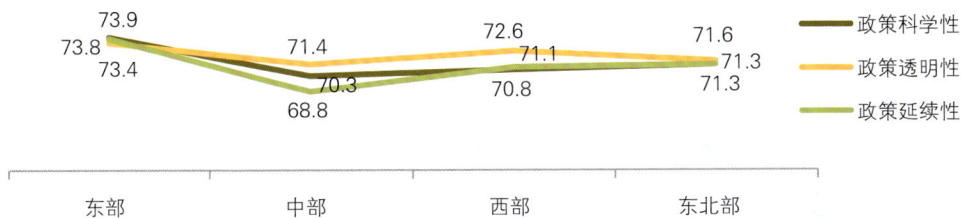

图7.14　政策制定得分区域比较

●●●2. 政府服务：整体趋好

政府服务是指服务人性化和服务效率。如图7.15所示，政府在服务人性化和服务效率上都有较好的表现。

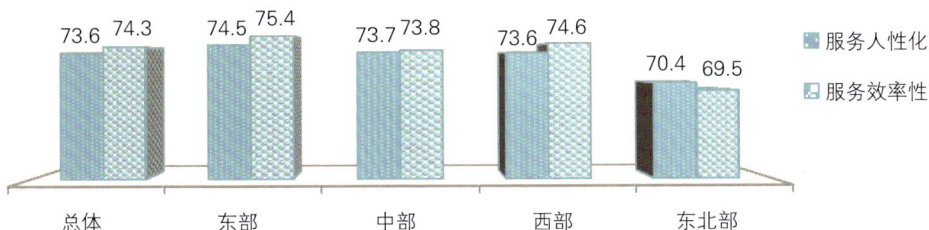

图7.15　政府服务得分及区域比较

●●●3. 平等待遇：规则平等有待提高

平等待遇包括权利平等、机会平等、规则平等和地位平等。如图7.16、图7.17所示，四个指标得分存在差距，规则平等水平较低，地区差异也较为明显。

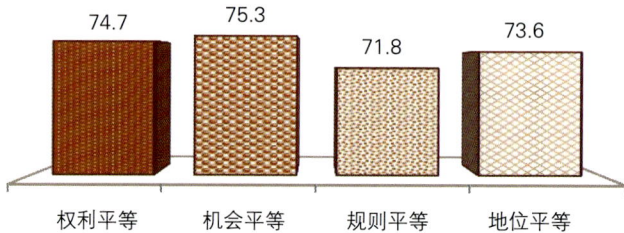

图7.16　平等待遇得分

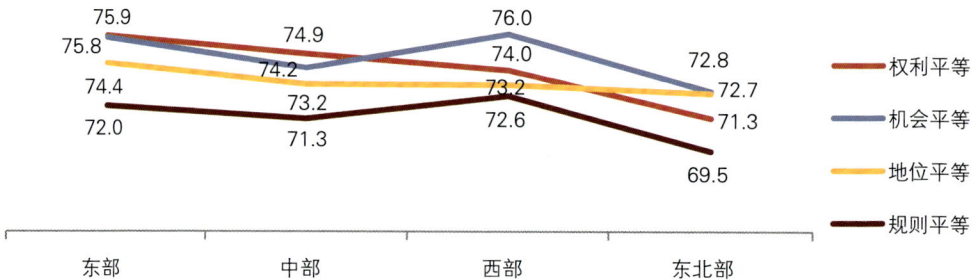

图7.17　平等待遇得分区域比较

第三节　包容力分析

包容力指的是企业的社会支持环境，包括媒体舆论、公众包容、行业协会三个指标。如图7.18、图7.19所示，媒体舆论的支持力最高，公众包容和行业协会得分相似，但是较低，包容力在区域上存在差异。

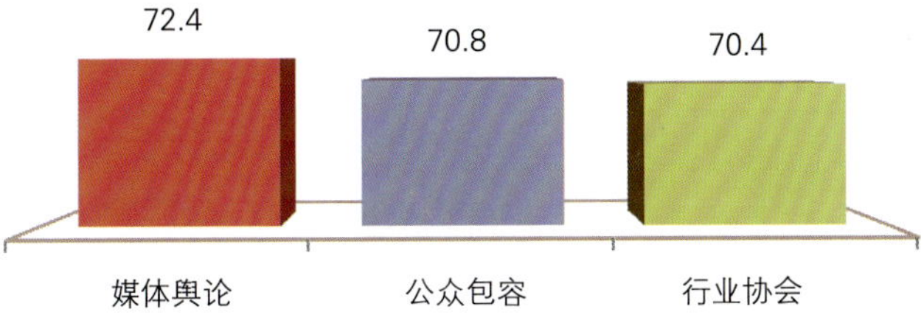

图7.18　包容力得分

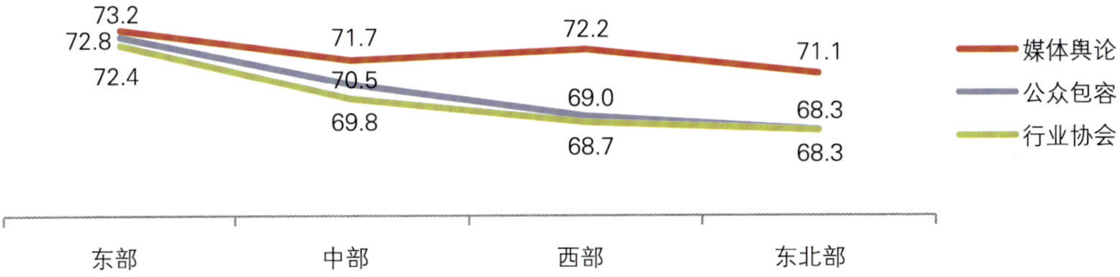

图7.19　包容力得分区域比较

相关案例　"脱钩"——行业协会、商会的一场自我革命

做企业想要做但靠单个企业做不到的事；做市场需要做却又无人牵头去做的事；做政府想要做却无精力去做的事——上挂下联，行业协会、商会是衔接政府和企业、宏观经济与微观经济的重要纽带，犹如"传送带"和"分流器"。然而，在发展过程中，有些行业协会、商会，因为借用行政资源乱摊派、乱收费等行为，饱受社会诟病。一场行业协会、商会的改革呼之欲出，从中央到地方，一系列"行业协会、商会与行政机关脱钩"方案出台。

行业协会现状："官办"色彩浓厚，"管"得多而服务少

"目前行业协会'官办'色彩浓厚，政企不分现象明显。绝大部分商业协会的运作方式仍带有浓厚的政府机关色彩，'管'得多而服务少，'管'又限于人力、能力、财力等因素而止于发文、开会等方式；行业自律的作用少，帮会员企业降低交易成本、提高经营效益的作用差，远远不能满足现阶段企业发展的实际需要。"全国人大代表、湖南新金浩茶油股份有限公司董事长刘翔浩在接受专访时表示。刘翔浩代表介绍，现在国内行业协会主要存在以下几个问题：

75

首先，行业协会职能定位不明确。除了1998年制定的《社会团体登记管理条例》之外，国家在全局上没有相应的法律法规明确行业协会的地位和职能。政府职能部门依然控制着行业发展与直接管理企业的部分行政手段，不愿意把一些可以交给行业协会的职能放权给协会，行业协会开展工作十分困难。

其次，行业协会入会率低，自主性差，有些行业协会依然存在只收费、不办事、不服务的情况。

最后，管理体制和监督机制不完善。以湖南省为例，现行行业协会是依据《湖南省行业协会管理办法》的有关规定，实行由民政部门负责登记管理，业务主管单位负责业务指导的双重管理体制，缺乏对行业协会的宏观指导和管理，有关行业协会的政策制定和计划培育工作无人负责。行业协会秘书长或者相关领导人又带有太过强烈的"政府色彩"。行业协会内部则存在着监管机制上的诸多漏洞，导致出现了类似"天价会费"等一系列相关问题。

行业协会、商会告别单一行政化管理方式

无论是充分激活市场自主性，还是强化社会的自治能力，都需要将协会、商会从政府的控制下解放出来，依法界定行政机关与行业协会、商会的职能边界，促进行业协会、商会成为自治性的社会组织。2016年12月28日，由国家发展改革委、民政部会同有关部门联合发布了《行业协会商会综合监管办法（试行）》。

监管办法强调，切实转变监管理念，改变单一行政化管理方式，建立健全综合监管体制，加快推进行业协会、商会成为依法设立、自主办会、服务为本、治理规范、行为自律的社会组织。

市场化是行业协会、商会的发展方向

行业协会、商会与行政机关脱钩，顺应潮流、符合民意。然而，那些与政府存在千丝万缕联系的行业协会、商会，脱钩之后如何生存发展，成为政府和行业协会、商会都必须面对的问题。

只有履行好为企业服务的职能、维护企业合法权益的职能、协助政府部门加强行业管理的职能，协会、商会才能在行业中树立威信，提高地位，从而赢得全行业和社会的支持，更好地激发其活力。

（资料来源：1.山西经济日报http://epaper.sxrb.com/shtml/sxjjrb/20170306/528878.shtml；2.红网http://hn.rednet.cn/c/2017/03/06/4230444.htm；3.公益时报http://www.gongyishibao.com/html/gongyizixun/11136.html）

1. 媒体舆论：更需客观公正独立

媒体舆论包括媒体报道的客观公正程度、对企业的干预程度和媒体报道的独立性。本次研究结果显示，媒体的不干预、独立性得分相对较低（见图7.20、图7.21）。

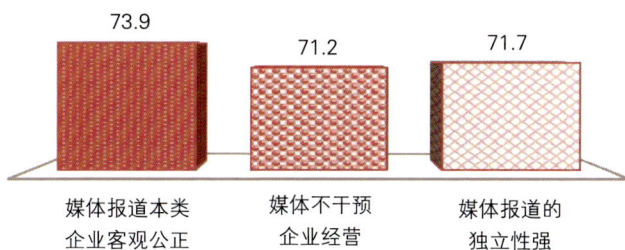

图7.20　媒体舆论得分

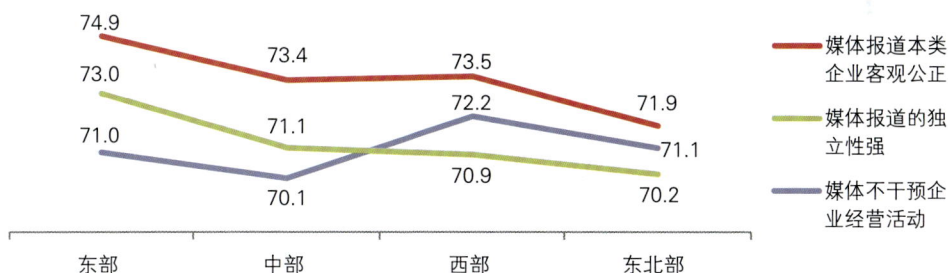

图7.21　媒体舆论得分区域比较

2. 公众包容：包容程度整体不高

公众包容是指社会和民众对企业的支持程度。如图7.22所示，公众包容的总体水平不高，特别是西部和东北部地区。

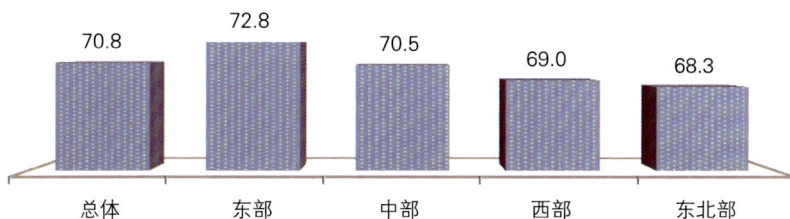

图7.22　公众包容得分及区域比较

●●●● 3.行业协会：需要发挥更大的行业引导作用

对行业协会的评价主要是指行业协会对企业权利的维护和行业协会对行业发展的引导。总体上行业协会正在发挥积极作用，但是还可以做得更好，特别是在行业引导上得分较低（见图7.23），亟待提高。

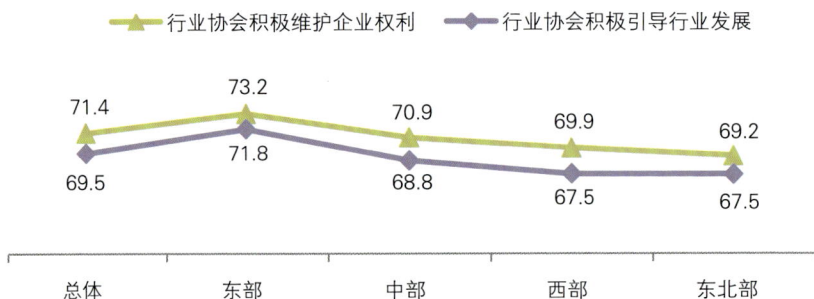

图7.23　行业协会得分及区域比较

随着政府权力清单和责任清单削减行动全面推行，市场对企业行为的决定作用和主导作用正在逐步显现，这正好可以让行业协会在企业行为引导和权利保护上发挥更好的作用。

第八章

企业健康
跨年度比较

"中国企业健康指数"研究经历了多次完善和调整，指标体系和调查样本已经发生了很多变化，如果根据当年的分析结果进行比较已经很难。近三年的指标体系和调查样本比较相似，因此本章将对近三年的健康指标进行比较分析。

第一节 研究变化

2015年以来的"中国企业健康指数"研究扩大了问卷调查范围，样本覆盖中国四大经济区域，样本量也逐渐增大，2017年达到1353个，样本更具代表性（见图8.1）。因此，在分析策略上，"中国企业健康指数"研究能够把四大区域的健康指数比较分析作为一条主线，在把握健康指数总体变化趋势的同时，可以深入得到健康九力在各个区域内的变化趋势。

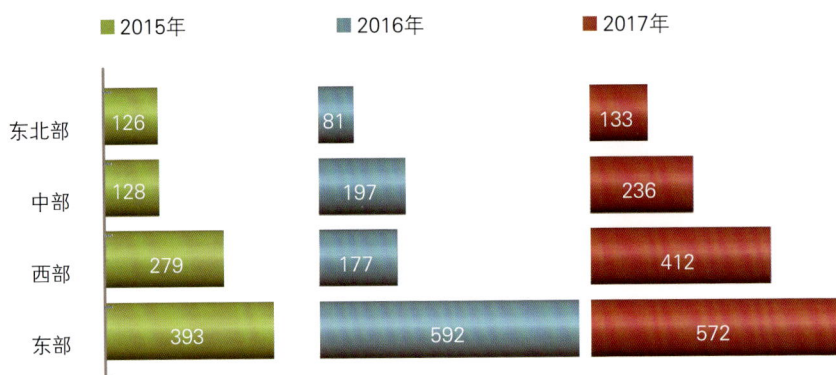

图8.1　三年样本数比较

第二节　跨年度比较

国家经济政策的调整、产业导向的改变、市场和社会舆论等企业外部环境的改变，将潜移默化地改变着企业行为。企业行为的变化是微妙的，我们很难对其做出过于细腻的剖析，只能通过粗略比较看到一些趋势。

●●●1. 企业健康稳中向好

2015年，由于中国经济面临增速放缓、结构优化、驱动要素变化，作为宏观经济面的反应指标"中国企业健康指数"呈现出增长速度放缓的"健康新常态"现象。2016年是"十三五"规划开局之年，中国企业显得信心满满，健康指数增长明显。2017年中国企业更是趁势而上，健康指数稳中向好。

对比2015年至2017年的健康九力变化趋势可以发现（见图8.2），在企业家精神健康方面，创业力、创新力和领导力趋同现象非常稳定，每年三力间的差距都不显著。在企业行为健康方面，竞争力、合规力和责任力逐年提升，竞争力提升较快。在环境健康方面，市场力、服务力和包容力也在逐年提升，市场力健康和服务力健康改善显著。因此，三年的健康九力总体表现稳中向好，九力间差距稳定，创业力、创新力、竞争力、市场力、服务力表现出色。

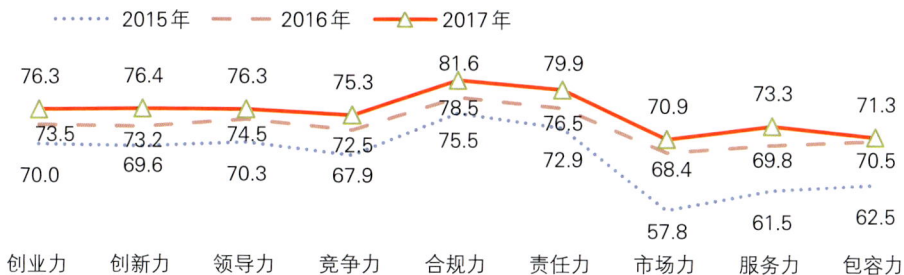

图8.2　健康九力三年比较

2016年是"十三五"规划开局之年，也是中国经济缓中趋稳、稳中向好的一年，经济发展的质量和效益明显提高。创新、创业、市场服务等是政府、企业和社会各界关注的重要内容，创新驱动更是中国经济发展的关键途径。"十三五"开局之际呈现出的新一波稳定增长，寄托了企业、政府和社会各界对未来中国经济发展的自信。

2. 率先崛起的东部经济

在过去的一年中，种种迹象表明，东部经济将率先走出新常态。东部经济总量占全国经济总量的大半江山，2015年中国经济"新常态"在东部经济区域中表现得最为真切。但是，厚实的东部经济加上技术与人才优势，通过艰难的结构调整、供给侧改革和持续的创新创业，产业开始转型升级，经济呈现强劲恢复。如图8.3所示，东部企业健康指数从2015年至2017年，在四大区域中的相对得分逐年提升，2017年达到最好。

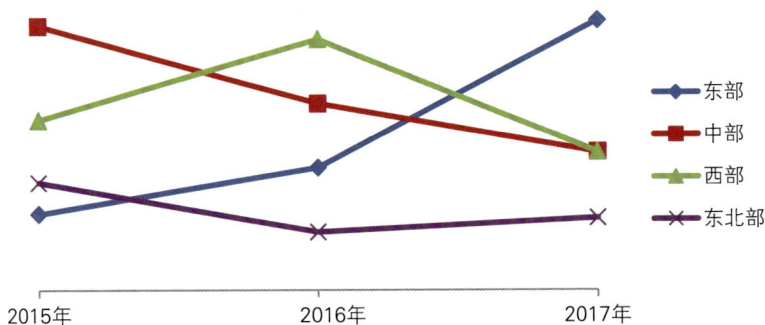

图8.3　各个区域企业健康总分的相对得分：2015—2017年

3. 稳步发展的非公经济

搞活并激发非公有制经济的活力，是我国经济建设的重要任务之一。多年来，"中国企业健康指数"研究也一直关注非公企业的健康状况，本报告对2015—2017年国有企业、民营企业和外资企业的健康指数进行粗略比较。

图8.4展示了三类企业从2015年至2017年健康指数强弱的相对比较，可以

看出，外资企业的健康三维度历年表现优秀。对比国有企业和民营企业，民营企业的企业家精神健康三年来都好于国有企业，企业环境健康低于国有企业，企业行为健康2015年和2016年低于国有企业，到2017年与国有企业相同。

因此，作为中国经济社会一支重要力量的非公经济，如何让非公经济在市场力、服务力、包容力上享受来自政策的获得感，支持非公经济的健康发展，仍然需要政府和社会的关注。

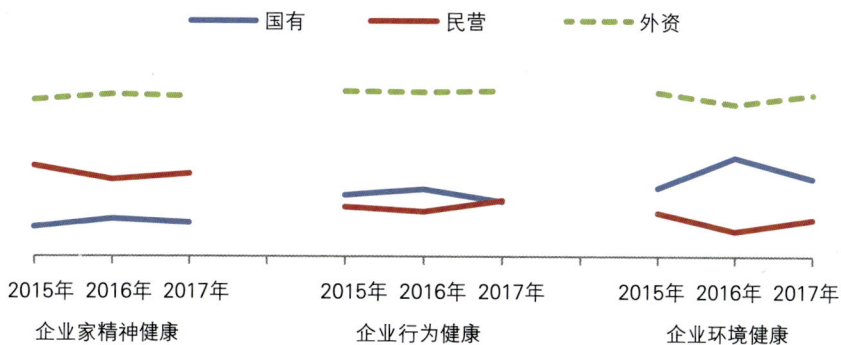

图8.4　国企、民企、外企的健康相对得分演变：2015—2017年

参考文献

REFERENCES

[1] Tansley A G. The use and abuse of vegetational concepts and terms[J]. Ecology, 1935, 16(3):284–307.

[2] Grossman S J, Hart O. The costs and the benefits of ownership: a Ttheory of vertical and lateral integration[J]. Journal of Political Economy, 1986, XCIV: 691–719

[3] Hart O, Moore J. Property rights and the nature of the firm[J]. Journal of Political Economy, 1990, XCVIII: 1119–1158.

[4] Lumpkin G T, Dess G G. Clarifying the entrepreneurial orientation construct and linking it to performance [J]. Academy of Management Review, 1996, 21(1):135–172.

[5] Damanpour F. Organizational innovation: a meta–analysis of effects of determinants and moderators [J]. Academy of Management Journal, 1991, 34(3):555–590.

[6] Lado A A, Wilson M C. Human resource systems and sustained competitive advantage: a competency–based perspective[J]. Academy of Management Review, 1994, 19(4):699–727.

[7] Donaldson T, Dunfee T W. Toward a unified conception of business ethics: Integrative social contracts theory[J]. Academy of Management Review, 1994, 19(2):252–284.

[8] Wood D J. Corporate social performance revisited[J]. Academy of Management Review, 1991, 16(4):691–718.

附　录

APPENDIX

●●●1. 调查对象年龄分布

近79%的调查对象年龄在40岁及以下。

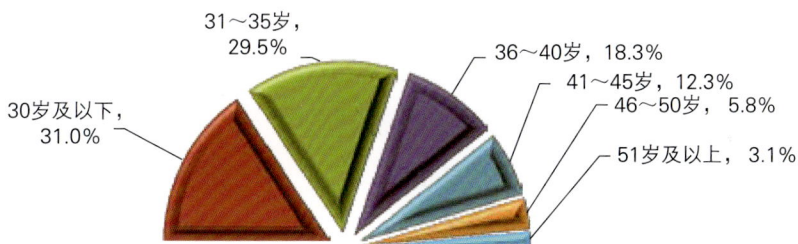

图附1　调查对象年龄分布

●●●2. 调查对象教育背景分布

大部分调查对象都拥有本科或以上学历，约占66%。

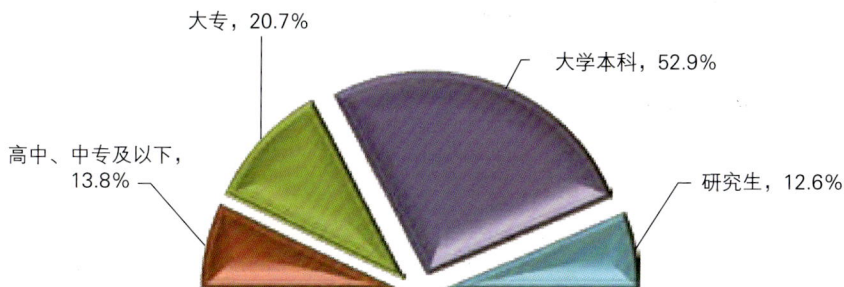

图附2　调查对象教育背景分布

●●●3. 调查对象行业分布

调查对象行业分布较为广泛，以制造业，信息传输、软件和信息技术服务业，批发和零售业，建筑业，金融业，电力、热力、燃气及水生产和供应业，交通运输、仓储和邮政业为主，约占76%。

图附3中各行业占比：

- 制造业 19.9%
- 信息传输、软件和信息技术服务业 12.1%
- 批发和零售业 11.8%
- 建筑业 8.7%
- 金融业 8.4%
- 电力、热力、燃气及水生产和供应业 7.6%
- 交通运输、仓储和邮政业 7.3%
- 住宿和餐饮业 4.4%
- 农、林、牧、渔业 3.7%
- 采矿业 3.4%
- 教育 2.6%
- 房地产业 2.0%
- 卫生和社会工作 1.8%
- 文化、体育和娱乐业 1.7%
- 科学研究和技术服务业 1.5%
- 租赁和商务服务业 1.2%
- 居民服务、修理和其他服务业 1.1%
- 水利、环境和公共设施管理业 0.8%

图附3　调查对象行业分布

●●●4. 调查对象职位分布

调查对象以企业经营管理者为主，约占49%。

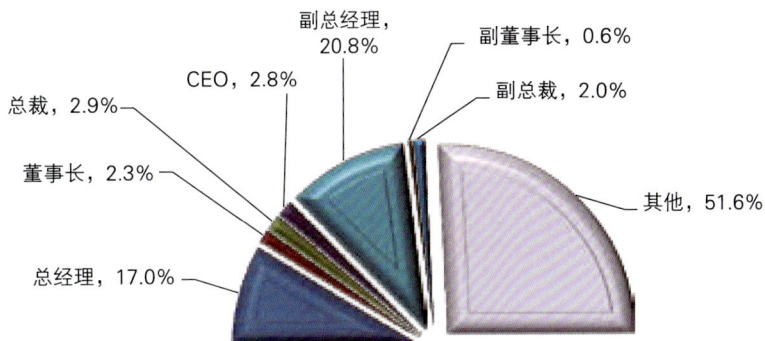

图附4　调查对象职位分布

●●●5. 调查对象所在企业成立年限分布

调查对象企业的成立时间大多数在5年以上（不含5年），约占93%。

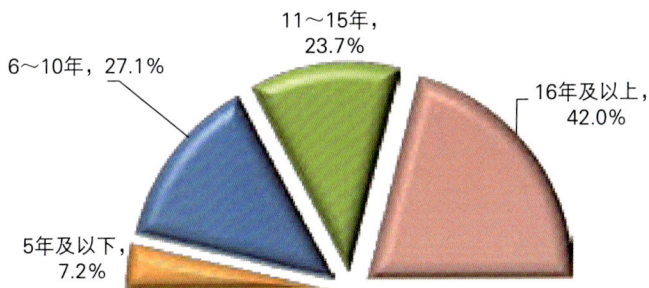

图附5　调查对象所在企业成立年限分布

6. 调查对象所在企业员工规模分布

调查对象所在企业的员工规模在100人以上的最多，约占68%。

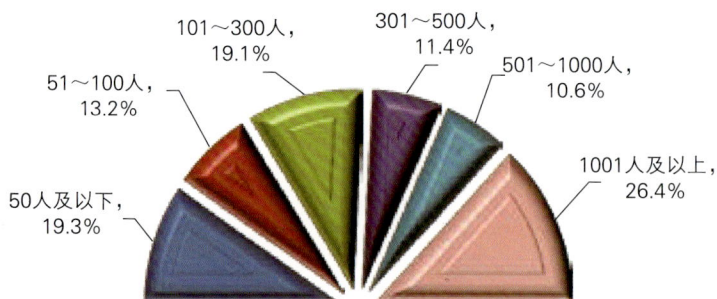

图附6　调查对象所在企业员工规模分布

7. 调查对象所在企业销售规模分布

调查对象所在企业的销售额以1亿元以上为主，约占39%。

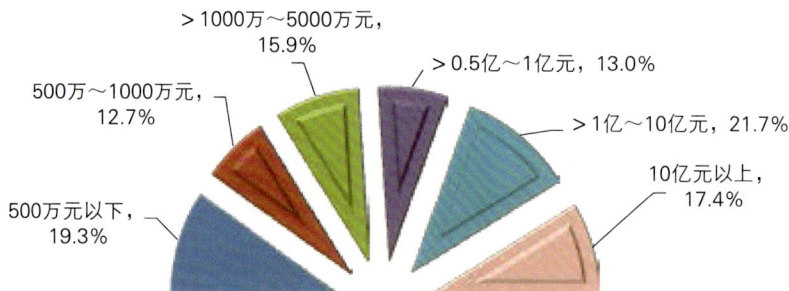

图附7　调查对象所在企业销售规模分布

●●●●8. 调查对象所在企业背景分布

民企背景的调查对象近52.6%，国企约占26.5%，外企约占11.5%。

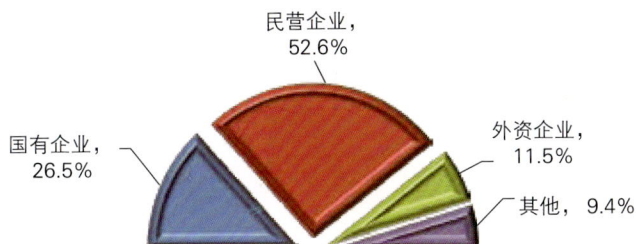

图附8　调查对象所在企业背景分布

●●●●9. 调查对象的区域分布

调查对象分布在中国四大经济区域，东部地区和西部地区最多。

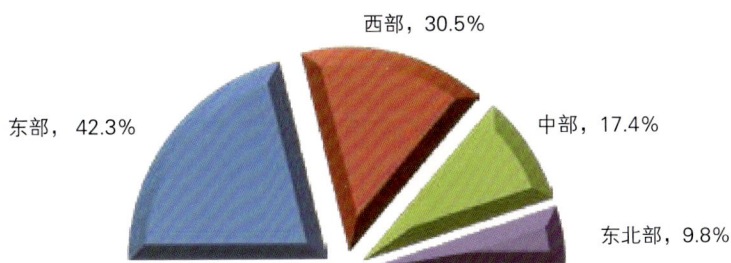

图附9　调查对象的区域分布

索　引

INDEX

后 记

POSTSCRIPT

《2012中国企业健康指数报告》于2012年4月正式出版，并在浙江大学管理学院与零点研究咨询集团举办的首届"中国企业健康力量"主题论坛上发布，得到了社会各界和媒体的诸多关注。

浙江大学管理学院以"培养引领中国未来发展的健康力量"为使命，2017年继续对中国企业健康状况进行研究。2012年以民营企业为研究对象，2013年增加了国有企业研究对象，2014年将外资企业也纳入其中，2015年开始把问卷调查扩大到了全国范围，把研究聚焦于健康指数的区域比较分析。

为此，浙江大学管理学院成立课题组（顾问：吴晓波院长、周伟华副院长，课题成员：陈学军、谢小云、刘景江、王颂和窦军生）进行了专题研究。课题在研究过程中得到了许多单位和专家学者以及接受访谈和调查的1500多名社会各界朋友的支持和帮助，向他们表达诚挚的谢意。

特别感谢中国经济体制改革研究会名誉会长、国家体改委原副主任高尚全连续多年对企业健康指数研究的支持，感谢零点国际发展研究院的研究团队为课题提供了扎实的前期基础。

诚挚地感谢社会各界对中国企业健康发展的深切关注，衷心欢迎社会各界献计献策，为中国未来发展的健康力量共同努力！

课题组

2017年3月30日